LOS TRES PRINCIPIOS DEL BUDISMO

Lama Tsong Khapa

Con un comentario de
Pabongka Rimpoché

Traducido del tibetano al inglés por
Khen Rimpoché Gueshe Losang Tharchin
y Michael Roach

Traducido y adaptado al castellano por
Isidro Gordi y Marta Moll

Ediciones Amara

Publicado por vez primera en 2002
por Ediciones Amara

ISBN de la obra: 978-84-95094-07-0
Depósito Legal: B. 27.132.2002

CONTENIDO

Los autores

Tsongkhapa (1357–1419), también conocido como Je Rimpoché Losang Drakpa, fue probablemente el comentador más excelso de los 2.500 años de historia del budismo. Nació en el distrito de Tsongkha, en el este del Tíbet, y tomó sus primeros votos a una edad temprana. De joven ya dominaba muchas de las enseñanzas del budismo y fue enviado por sus tutores a las grandes universidades monásticas del Tíbet central. Allí estudió bajo la dirección de los eruditos más destacados de aquellos días; se dice también que gozaba de visiones místicas en las que se encontraba y aprendía directamente de las diferentes formas del mismo Buda.

Los dieciocho volúmenes de los trabajos reunidos de Tsongkhapa contienen comentarios elocuentes e incisivos sobre la práctica totalidad de los clásicos principales del antiguo budismo, así como sus célebres tratados sobre las "etapas del sendero a la Budeidad". Sus estudiantes, entre ellos el primer Dalai Lama del Tíbet, aportaron cientos de tratados propios acerca de la filosofía y práctica del budismo.

Tsongkhapa fundó los Tres Grandes monasterios del Tíbet, donde miles de monjes han estudiado las escrituras budistas a lo largo de los siglos. También instituyó el gran festival del Monlam, un período de estudio y celebraciones religiosas en todo el Tíbet. Tsongkhapa falleció a los 62 años, en su monasterio y hogar de Ganden, en Lhasa, capital del Tíbet.

Pabongka Rimpoché (1878-1941), también conocido como Jampa Tenzin Trinley Gyatso, nació en una importante familia en el estado de Tsang, al norte del Tíbet central. De niño entró en la Casa Gyalrong de Sera Me, uno de los colegios adjuntos a la gran Universidad Monástica de Sera y consiguió el rango de *gueshe*, o experto en filosofía budista. Sus poderosas enseñanzas públicas pronto le convirtieron en la más destacada figura espiritual de sus días y la colección de sus trabajos reunidos sobre todas las vertientes del pensamiento y práctica budista comprenden unos 15 volúmenes. Su estudiante más famoso fue Kyabje Trijang Rimpoché (1901-1981), tutor junior del presente Dalai Lama. Pabongka Rimpoché falleció a la edad de 63 años en el distrito de Hloka, en el sur del Tíbet.

Los traductores al inglés

KHEN RIMPOCHÉ, GUESHE LOSANG THARCHIN (1921–2004) Nació en Lhasa y también entró de niño en la Casa Gyalrong de Sera Me. Se formó bajo la tutela de Pabongka Rimpoché y Trijang Rimpoché y después de un riguroso curso que duró 25 años de estudio de clásicos budistas se le concedió el más elevado grado de *gueshe*. Se graduó en el Colegio Tántrico de Lhasa en 1958 donde fue también administrador.

Desde 1959 Khen Rimpoché ha enseñado filosofía budista en Asia y los Estados Unidos, y en 1957 completó sus estudios de inglés en la Universidad de Georgetown. Durante veinte años ha sido abad de Rashi Gempil Ling, un templo Mongol Kalmuck en New Jersey. También es fundador de los centros Mahayana de Sutra y Tantra, de New Jersey y Washington D. C, y autor de numerosas traducciones de importantes textos budistas.

En 1977 Khen Rimpoché dirigió el desarrollo del primer procesador de textos tibetano y actualmente es el editor principal del Assian Classics Input Project (ACIP), un esfuerzo internacional para preservar la literatura más valiosa de Asia en forma digital. Ha jugado también un importante papel en el restablecimiento del Colegio Monástico de Sera Me, uno de los mayores monasterios budistas del mundo donde ostenta el cargo de Abad eméritus y director vitalicio.

MICHAEL PHILIP ROACH (1952–) recibió el President Scholar Medallion de Richard Nixon en la Casa Blanca en 1970, se graduó con grandes honores en la Universidad de Princeton en 1975. Estudió en la biblioteca del Gobierno del Tíbet bajo los auspicios de la Woodrow Wilson School of International Affairs y luego durante quince años bajo la guía de Gueshe

Tharchin en Rashi Gempil Ling, obteniendo también el grado de Rikchung en la Universidad Monástica de Sera Me. Trabaja en la industria del diamante en New York. Ha trabajado muy activamente en la restauración de Sera Me, donde se ordenó monje en 1983. Mr Roach es actualmente director de ACIP y del *Institut of Assian Classics,* una escuela de adiestramiento para traductores y maestros localizada en Manhatan.

Traductor al castellano

Isidro Gordi (1954–) Estudioso del budismo tibetano desde 1979 y, más intensamente desde 1987, bajo la guía directa de Gueshe Tamding Gyatso, de quien es traductor. Es el responsable de que las enseñanzas de este gran gueshe se conviertan en libros. Desde 1980 impulsa *Ediciones Amara*, editorial dedicada exclusivamente a la publicación de joyas del pensamiento del budismo tibetano. Es autor de *El Arte de Meditar* y de la primera traducción al castellano del *Bodhisatvacaryavatara*, según enseñanzas de su Maestro. En la actualidad, además de seguir sus estudios con Gueshe Tamding Gyatso, sigue el Programa de Adiestramiento de Maestro y Traductor del *Institute of Assian Classics* de Nueva York, auspiciado por Khen Rimpoché Gueshe Losang Tharchin y dirigido por Gueshe Michael Roach. Todas sus traducciones y adaptaciones al castellano han contado con la colaboración de su esposa, Marta Moll.

Nota del traductor al español

Con la publicación de *Fundamentos del Tantra*, Ediciones Amara inauguró la colección "Clásicos del Tíbet". El segundo volumen de esta colección, *Los Tres Principios del Budismo*, es uno de los comentarios más apreciados dentro del budismo tibetano. La autoría de esta obra pertenece a Pabongka Rimpoché, quien comenta sabiamente catorce versos compuestos por Lama Tsong Khapa, en los que se presenta una hábil síntesis de la enseñanzas de Buda.

Es un texto imprescindible para los estudiosos del budismo, a su vez, claro y ameno para quienes empiezan en el Dharma.

Ojalá su lectura proporcione conocimiento y alegría a quienes se adentren en el mismo.

Tanto mi mujer y colaboradora, Marta, como yo mismo queremos agradecer a María Rodríguez su ayuda, no solo en cuanto a correcciones gramaticales y de estilo se refiere, sino por su desinteresado apoyo ampliamente demostrado a Ediciones Amara. También queremos destacar en esta ocasión la desprendida ayuda ofrecida por los amigos Antón Gispert y Lidia Vidal, quienes han contribuido a que la publicación de esta Joya del budismo sea posible.

Y, cómo no, una vez más a Federica Mahieu por llenar de color y belleza la portada del libro. Gracias a todos ellos y también a nuestros lectores, pues su fidelidad nos anima a seguir publicando.

Ojalá que este trabajo contribuya a la paz y felicidad de todos ellos.

Isidro Gordi
Son Gall
Ciutadella de Menorca
Marzo de 2002

Prefacio

Yᴇsʜᴇ Lᴏʙsᴀɴɢ ᴇsᴛᴀʙᴀ sᴇɴᴛᴀᴅᴏ como siempre, mirando al techo con la boca abierta; éramos jóvenes monjes de Sera, uno de los principales monasterios budistas del Tíbet. Nos sentábamos en largas hileras dándonos la cara unos a otros mientras cantábamos una de las oraciones más santas de nuestra religión, el *Ofrecimiento a los Lamas*.

Él estaba a unos diez pies, aun soñando despierto con la boca abierta. Yo era el díscolo de la clase, inteligente, pero con un carácter travieso que empeoró al juntarme con mis irreverentes amigos de juegos. Dos de ellos estaban sentados conmigo, uno a cada lado, y tampoco se concentraban mucho en la oración. Aposté con ellos a que acertaría a dar en la boca de Yeshe Lobsang.

Este era nuestro juego, lo llamábamos *pakda* que significa "la flecha de pasta". Coges una pequeña bolita de pasta de cebada y la lanzas con tu dedo corazón. Este era el tipo de cosas que se me daban bien ya que no perdía mucho tiempo estudiando, como debería.

Yeshe Lobsang todavía estaba boquiabierto, proporcionando una buena diana. Mientras los cantos iban *in crescendo,* apunté y disparé –la pelota de pasta no sólo alcanzó su boca sino que llegó directamente a la garganta produciéndose un sonido tremendamente satisfactorio ¡Thwoch!– De modo que empieza a ahogarse y a escupir mientras mis amigos estallan en risas.

En esto llega el *gergen*, nuestro disciplinario encargado de vigilar a los jóvenes durante las ceremonias y señala a los culpables (que todavía están riendo; yo mantuve la cara seria a lo largo del evento). Él lleva un pequeño bastón para tales ocasiones y comienza a atizarles desde detrás de la fila. Aunque empiezan a llorar no pueden parar de reír mientras reciben una buena azotaina. Yeshe Lobsang aún está ahogándose y allí estoy yo, sentado como un buen monje arreglándomelas para salir indemne. Más tarde me dijeron que poder ver el rostro de Yeshe Lobsang desencajado bien había valido la zurra y que no estaban resentidos porque yo me hubiera librado.

Esta pequeña escena era muy típica de mis primeros años en Sera. Como muchos chicos tibetanos, ingresé en el monasterio a una edad temprana —esto fue en 1928, cuando sólo tenía siete años—. Al principio, echamos en falta a nuestros padres, hermanos y hermanas, pero nuestra casa en el monasterio era un lugar maravilloso para un chico; estábamos con cincuenta chicos de la misma edad, lo cual significaba un gran entretenimiento cuando nos las podíamos arreglar, y también un profundo sentimiento de hermandad a medida que pasábamos juntos el riguroso estudio de 25 años y, finalmente, nos graduábamos con el ansiado título de "gueshe" —maestro de estudios budistas—.

Mi propia casa era la de Gyalrong, una de las mayores de las quince del Colegio de Sera Me, que es una de las tres grandes divisiones del monasterio de Sera. En su punto álgido, Sera llegó a tener más de 8.000 maestros y discípulos estudiando los antiguos libros de la sabiduría budista.

Nuestro monasterio estaba localizado justo en las afueras de Lhasa, la capital del Tíbet, el reino montañoso rodeado por el Monte Everest y el resto de los Himalayas, al norte de la India y al oeste de la China. Aunque el Buda nació en la India, Tíbet es el lugar donde sus enseñanzas completas han sobrevivido hasta el día presente. Fueron traídas a nuestro país a lo largo de mil años, traducidas cuidadosamente a nuestro idioma y preservadas en nuestros monasterios en las montañas (mientras que en el mundo externo los libros budistas, monasterios y monjes prácticamente han desaparecido) y abogan por la no violencia en un mundo violento.

Nosotros, los jóvenes monjes, no éramos tan nobles. Mi tutor solía enviarnos con cubos a los precipicios que se encontraban detrás del monasterio para coger agua de la fuente y allí perdíamos el tiempo durante horas. A veces colocábamos los pies dentro de los ropajes azafranados y resbalábamos por las grandes rocas hasta que la ropa quedaba hecha añicos. El encargado de la casa, por supuesto, nos daría unos coscorrones. Lanzar piedras era otra buena manera de desperdiciar el tiempo y recuerdo que, en una ocasión, alcancé a una lagartija, la maté por accidente, y sentí un gran arrepentimiento. Ya que creemos que todas las criaturas vivas tienen sentimientos y que buscan sentirse bien y evitar el dolor, igual que tú y yo.

De regreso al monasterio, el truco favorito era llenar de tachuelas el sendero que dirigía a la puerta principal. Nuestro país está en una especie de bolsa detrás de los Himalayas, y no era tan frío como imagina la mayoría de gente que debería ser la Tierra de las Nieves. A algunos de los monjes les encantaba caminar descalzos y por ello solíamos apostarnos detrás de la pared, cerca de la puerta, esperando una víctima. Nuestras risitas empezaban a estallar incluso antes de que sus pies llegasen a las tachuelas, y luego nos solíamos escapar, con los hábitos flotando por el aire, antes de que pudieran venir a atraparnos.

Incluso en mi hogar yo no era un estudiante modelo. Mi tutor, el que normalmente nos enseña a leer y a escribir antes de empezar nuestros estudios filosóficos formales, era Gueshe Thupten Namdrol. Era muy estricto conmigo y con el otro compañero que compartía nuestras habitaciones. Este chico era un travieso muy notorio y empezó a influir en mí. Cuando empezamos nuestros primeros cursos de lógica y debate budista pasé por todas las etapas necesarias, –presenté bien mis exámenes, memoricé todo lo necesario y rápidamente cogí los principios del razonamiento– pero mi corazón no estaba en ello. Para cuando empezamos el siguiente curso, doce largos años dedicados al significado de la Sabiduría, mi reputación era bastante mala.

Por esta época, le ofrecieron a mi tutor el rango de abad de un monasterio llamado Ganden Shedrup Ling, en el distrito de Hloka, bastante lejos, al sur de la capital. Era un gran honor ya que el puesto había sido concedido por el Kashak –el Elevado Consejo del Gobierno tibetano– y aprobado personalmente por el Dalai Lama, el gran líder espiritual y temporal de nuestra tierra. Esta posición le aportaría unos ingresos sustanciales que yo, como mano derecha de Gueshe Namdrol, compartiría. Todo el mundo pensó que sería una buena oportunidad para que yo pudiera subsistir y dejar con elegancia el duro curso de estudio que me esperaba y que parecía que nunca podría completar.

Fue en esta época cuando el glorioso Pabongka Rimpoché, el autor del comentario que estáis a punto de leer, apareció en mi vida. Como yo, de joven también había seguido sus estudios en el Colegio de Sera Me, del monasterio de Sera. De hecho, pertenecía a la misma casa, Gyalrong.

Pabongka Rimpoché nació en 1878, en una ciudad denominada Tsawa Li, del distrito de Yeru Shang en el estado de Tsang al norte de Lhasa. Su familia pertenecía a la nobleza y poseía una modesta propiedad denominada Chappel Gershi. De niño exhibía cualidades inusuales y a los siete años fue llevado delante de Sharpa Chuje Losang Dargye, una de las principales figuras de aquellos días.

El Lama estaba seguro de que el chico era un santo reencarnado e incluso llegó a examinarle para comprobar si se trataba de la reencarnación de su propio y finado maestro. No lo era, pero el sabio predijo que, si era enviado a la Casa Gyalrong del Colegio de Sera Me, algo maravilloso le acontecería en el futuro.

Más tarde se descubrió que el joven era una reencarnación de la línea Changkya, que incluía al ilustre erudito Changkya Rolpe Dordje (1717–1786)[1] Los Lamas de esta línea habían enseñado extensamente en las regiones de Mongolia y China, –incluso en la corte del emperador chino– y el nombre "Changkya" tenía fuertes connotaciones chinas. Ya en aquellos días el gobierno tibetano y la gente eran sensibles a las presiones que nos imponía nuestro poderoso vecino del este, por ello se eliminó el nombre "Changkya" y en vez de ello se declaró al niño "Pabongka".

Pabongka, también conocido como Parongka, es una famosa gran formación rocosa a unas tres millas a pie del monasterio de Sera. La palabra misma "pabong" significa en nuestro idioma, "gran roca". Es un lugar históricamente muy importante para los tibetanos ya que encima de dichas rocas se encuentra el palacio de Songtsen Gampo, el rey del siglo séptimo que convirtió al Tíbet en una de las principales naciones de Asia en aquella época, y que ayudó a introducir las primeras enseñanzas budistas de la India.

Hasta la época de Songtsen Gampo, los tibetanos no tenían idioma escrito. El rey, que deseaba que los grandes textos del budismo fueran traducidos a nuestro idioma, envió a un número de delegaciones a la India con el encargo de regresar con un alfabeto escrito. Muchos de los jóvenes fallecieron debido al calor húmedo de los valles y las junglas de la India, tan diferentes de nuestra elevada meseta tibetana, pero el ministro Tonmi Sambotha logró regresar. El creó un alfabeto y una gramática que aún perdura hoy en día. Y se dice que llevó a cabo esta gran labor en el palacio de Songtsen Gampo, encima de los acantilados de Pabongka.

Pabongka Rimpoché era, en realidad, el segundo Pabongka, ya que finalmente se acordó que se le había reconocido como la reencarnación del Khenpo (o abad) del pequeño monasterio que se encontraba encima de la roca. Por esta razón se le conoció como "Pabongka Kentrul" o "reencarnación del abad de Pabongka". El nombre entero de Pabongka Rimpoche era Kyabje Pabongka Jetsun Jampa Tenzin Trinley Gyatso Pel Sangpo, traducido como el "noble protector, el de Pabongka, el venerable y glorioso maestro, cuyo nombre es el Amoroso Sustentante de las Enseñanzas de Buda, Océano de las Poderosas Actividades del Buda". Popularmente también se le conoce como "Dechen Nyingpo" que significa "Esencia del Gran Gozo", en referencia a su dominio de las enseñanzas secretas del budismo. Los tibetanos creemos que es irrespetuoso dirigirnos a un gran líder religioso por su "mero" nombre –tal como "Tsongkhapa" o "Pabongka"– pero aquí hemos simplificado los nombres tibetanos para ayudar a los lectores occidentales.

La carrera de Pabongka Rimpoché en el Colegio de Sera Me no fue sobresaliente; terminó su grado de gueshe, pero sólo llegó al rango de "lingse", significa que pasó los exámenes en su propio monasterio y no entró en los de rangos más elevados como el de "hlarampa". Para obtener el nivel *hlarampa* es preciso pasar una exhaustiva serie de exámenes y debates públicos en diferentes monasterios, y que culminan en el palacio de verano de Norbulingka con una sesión ante el Dalai Lama y sus maestros. Sólo después de su graduación en Sera Me y el éxito de sus viajes para enseñar fuera de la capital se empezó a esparcir la fama de Pabongka Rimpoché. Gradualmente empezó a formar un gran séquito de discípulos y desplegó una tremenda capacidad como maestro público. No era alto (tal y como lo recuerdo, era de mi estatura y sólo mido 1 metro y 68cm más o menos), pero tenía el pecho ancho y parecía llenar el trono cuando subía para empezar el discurso.

Su voz era increíblemente poderosa. En muchas ocasiones se dirigía a audiencias formadas por miles de personas, y aún y así todos le oían claramente (en el Tíbet de aquellos días no habíamos oído hablar de micrófonos o altavoces). Parte del truco, desde luego, era llenar la sala con la audiencia sentada al estilo tibetano, con las piernas cruzadas en el suelo, con el Lama en una plataforma elevada. Aún y así el público inundaba los pasillos del corredor o se sentaba en el tejado, mirando a través de empinadas ventanas.

Pabongka Rimpoché tenía una capacidad incomparable para relacionarse con su audiencia y por esta razón se convirtió en maestro, tanto para el hombre común como para nosotros, los monjes. En general, la mayoría de las enseñanzas del Buda tal y como se aprenden en el monasterio son extremadamente detalladas, profundas y a veces técnicas. Además, usamos rigurosos exámenes de lógica formal para analizarlas, a medida que ascendemos en las clases. Estos métodos son importantes para obtener los objetivos más elevados de la práctica budista de manera sistemática y transmitir estas enseñanzas a los demás. Pero estaban más allá de la capacidad de muchos de los laicos tibetanos. El gran logro de Rimpoché fue que encontró un modo de atraer y dirigirse a oyentes de todo nivel intelectual.

Su arma más famosa era el humor. Los discursos públicos en el Tíbet podían durar diez horas o más sin un descanso, y sólo un gran santo podía mantener la atención del público tanto tiempo. Inevitablemente, parte de la audiencia solía dormirse o caía en una especie de letargo. Entonces Pabongka Rimpoché, de repente, relataba una historia divertida o un chiste con una útil moraleja, y hacía estallar a sus oyentes en ataques de risa. Esto despertaba a los dormilones diurnos, que siempre buscaban a alguien entre sus vecinos que les pudiera repetir el chiste.

Los efectos en la audiencia eran sorprendentes e inmediatos. Recuerdo en particular el caso de Dapon Tsago, un miembro de la nobleza que ocupaba una influyente posición, similar a la de un ministro de defensa. Las enseñanzas públicas en el Tíbet eran tanto un tema social como religioso, y los aristócratas se presentaban con sus mejores ropajes: a menudo parecía que no venían a escuchar el Dharma sino más bien a aparentar. Así que un día este gran general entra en la sala, vestido con ropas de seda, el pelo largo, exuberante y preparado como una especie de trenzas (esto se consideraba algo muy varonil y estaba de moda en el viejo Tíbet). Una gran espada ceremonial colgaba de su cinturón, rechinando de modo imponente mientras se pavoneaba.

Al final de la primera sección de la enseñanza se le vio dejando la sala en silencio y sumido en profundos pensamientos –con una tela había envuelto su arma de guerra para esconderla, y se la llevaba a casa–. Más tarde pudimos ver que se había cortado sus trenzas de guerrero y, finalmente, un día se lanzó delante de Rimpoché y le pidió que le concediese sus votos de laico religioso para toda la vida. Desde entonces siguió siempre a Pabongka Rimpoché en cada enseñanza pública que dio.

Rimpoché nunca había pasado mucho tiempo en el pequeño monasterio encima del peñasco Pabongka, y su fama pronto tomó tales proporciones que el Colegio Ngakpa del Monasterio de Sera le ofreció un gran complejo de retiro en la colina encima de Pabongka. El nombre de esta ermita era Tashi Chuling, o "Isla Espiritual Auspiciosa". Unos sesenta monjes residían allí, y según recuerdo, unos dieciséis asistentes personales ayudaban al Lama en su apretado horario: dos monjes secretarios, un director de finanzas, etc. El Rimpoché dividía su tiempo entre sus aposentos de aquí y una pequeña celda de meditación construida alrededor de la entrada de una cueva, más arriba, a un lado de la montaña.

La cueva era conocida como Takden, y fue aquí donde Pabongka Rimpoché solía escaparse durante largos periodos para hacer sus prácticas privadas y meditaciones. La cámara central tenía un techo elevado en forma de bóveda, tan alto que la luz de una antorcha no podía iluminarla y la oscuridad parecía llegar hasta el infinito. En el centro del techo había un extraño triángulo hecho por la naturaleza en la roca que era idéntico a la forma externa de uno de los mundos místicos o mandalas que se describen en nuestras enseñanzas secretas.

En la esquina de esta maravillosa cueva fluía una fuente subterránea de una roca, encima de la cual había otro dibujo natural, éste era igual que el tercer ojo que vemos pintado en la frente de una de nuestras Budas femeninas. A propósito, este "tercer ojo" es, principalmente, metafórico y representa la comprensión espiritual en el corazón de uno. Creíamos que la cueva era el hogar de alguna dakini –una especie de ángel o deidad budista– porque la gente a menudo decía que veían a una maravillosa dama emerger de la cueva, pero nadie la había nunca visto entrar.

Fue en sus aposentos privados en la ermita de Tashi Chuling que conocí por vez primera a Pabongka Rimpoché. Había llegado de un extenso viaje por el este del Tíbet. Yo todavía era el joven salvaje y había quedado atascado con el desagradable trabajo de *nyerpa* para la casa de Gyalrong –esto significaba que yo era una especie de intendente y tenía que asegurarme de que hubiera suficiente madera para quemar y comida para mantener en funcionamiento la cocina de la casa para varios cientos de monjes–. Puesto que Rimpoché era un miembro de Gyalrong, debíamos enviarle un comité a la ermita para darle la bienvenida y presentarle ofrendas. Como *nyerpa* se esperaba de mí que preparase los abastecimientos y les ayudase a llevarlos.

En conversación privada Pabongka Rimpoché tenía el hábito de añadir constantemente a lo que decía "¡Correcto, correcto! Recuerdo claramente que cuando entré ante su presencia, puso sus manos sobre mi cabeza y dijo: "¡Correcto, correcto! ¡Este parece un chico inteligente!". Desde aquel día en adelante sentí como si hubiera recibido su bendición, y algún poder especial para proseguir mis estudios.

Cuando yo tenía dieciocho años, se pidió al Rimpoché que viniera a nuestro Colegio de Sera Me a impartir un discurso sobre las *Etapas del sendero a la Budeidad*. Solía recibir incontables peticiones de este tipo, normalmente de patrocinadores ricos que esperaban reunir algún mérito para la vida futura, o de monjes que querían recibir la transmisión de una enseñanza particular para poder pasarla a sus seguidores en el futuro. El Rimpoché normalmente prometía considerar la petición, y después satisfacía varias a la vez, transmitiendo un gran discurso público.

Estos discursos se anunciaban con meses de antelación. Los patrocinadores alquilaban una gran sala en uno de los monasterios principales, justo fuera de la capital, o reservaban una de las grandes capillas en Lhasa. Los monjes teníamos que asistir a nuestras clases habituales, pero a veces nos las arreglábamos para hacer la hora de camino hasta Lhasa (no había coches en Tíbet en aquellos días), asistir a la enseñanza y regresar rápidamente antes de las sesiones nocturnas de debate en el parque del monasterio. Recuerdo que los monjes más ancianos salían antes que nosotros y volvían más tarde, o incluso conseguían un permiso para coger una habitación en Lhasa durante la duración del curso, puesto que el viaje a pie era difícil.

Este discurso particular en Sera Me podía durar tres meses enteros. Nos sentábamos durante seis horas al día: tres horas por la mañana, con un descanso para comer, y luego tres horas por la tarde. Pabongka Rimpoché recorrió cuidadosamente el *Lam Rim Chenmo* entero, la gran exposición de las *Etapas del sendero a la Budeidad* escritas por el incomparable Noble Tsongkhapa —autor también de los versos raíz explicados aquí por Pabongka Rimpoché en su comentario—. Rimpoché se refirió a cada uno de los ocho textos clásicos sobre las Etapas del sendero durante su discurso, seguido por unos 10.000 monjes.

Como a muchos otros en la audiencia me maravilló el poder de su enseñanza. Mucho de ello lo había escuchado antes, pero la manera en que lo enseñaba y, así lo sentí, la bendición que había recibido de él hizo que, de repente, me resultase muy familiar. Allí me encontraba yo, viviendo la corta y preciosa vida de un ser humano, suficientemente afortunado como para ser un estudiante en uno de los monasterios budistas más importantes del mundo. ¿Por qué desperdiciaba el tiempo? ¿Qué pasaría si, de repente, me muriera?

De corazón me determiné a dominar las enseñanzas para mi beneficio y el de los demás. Recuerdo haber ido a mi habitación, en la casa de mi maestro, Gueshe Namdrol para confesarle mi cambio: "A partir de ahora el chico malo estudiará y se convertirá en un gueshe!" Gueshe Namdrol se río y me dijo, "¡El día en que te conviertas en gueshe yo seré el Ganden Tripa!"

El Ganden Tripa es uno de los personajes religiosos más elevados en el Tíbet: ocupa el trono del Noble Tsongkhapa, y esta posición se consigue tras obtener el rango más elevado de gueshe –el *hlarampa*– y haber sido cabeza de uno de los colegios consagrados al estudio de las enseñanzas secretas. Mi maestro nunca había pasado del grado de gueshe *tsokrampa*, de modo que nunca se podría haber convertido en Ganden Tripa, y ambos lo sabíamos. Me enfadé mucho, y le juré que no sólo me convertiría en gueshe, sino también en gueshe *hlarampa*. Años después, tras haber pasado los exámenes de *hlarampa* con los honores más elevados, Gueshe Namdrol solía venir con una actitud de cordero a pedirme de modo indirecto si le podía ayudar a elegir un buen tema para los debates del día.

Este fue el gran regalo que recibí de Pabongka Rimpoché: abordé mis estudios con pasión teniendo en mente la brevedad de la vida y el valor de ayudar a los demás. Hasta esta época yo había sido el escriba de la casa, una especie de oficinista que escribía las cartas de todos. Con el fin de tener más tiempo para mis estudios, un día cogí mis costosas plumas y papel y, delante de cientos de compañeros de clase, las ofrecí a cualquiera que las deseara.

Después, las cosas empeoraron con el plan del gobierno de enviarnos a Gueshe Namdrol y a mí al puesto monástico en el sur del Tíbet. La posesión de mi cargo duraría seis años, y así calculé mi pérdida de potencial: todavía un año en la clase de los "temas especiales" para la perfección de la sabiduría, dos años en la clase del "camino medio" o la visión correcta, y los dos años finales en las clases del conocimiento trascendental y moralidad comprometida –todos ellos temas budistas enormemente importantes–. Necesité armarme de valor para dirigirme a mi maestro y le pedí permiso para poder quedarme y continuar mis estudios en Sera Me.

Ante la sorpresa de todos accedió, y eligió a mi dicharachero amigo de habitación para acompañarle. Me devolvió las llaves de su apartamento y se marchó, ante el desespero de todos los vecinos, convencidos de que les destruiría el lugar. Pronto, sin embargo, me empezaron a llamar "Gyalrong Chundze" –algo así como el "gusano de la biblioteca de la Casa de Gyalrong"– y mis estudios mejoraron lo suficiente como para obtener un *miksel*, o un permiso especial para liberarme de todo otro deber para poder consagrar cada minuto a mis estudios.

Puedo decir que fue aquí cuando mi vida cambió, por tres razones: Pabongka Rimpoché había puesto un poco de renuncia y otras buenas motivaciones en mi corazón; yo había abandonado la riqueza y la posición para poder proseguir mis estudios espirituales; y había conseguido el tiempo libre para poder consagrarme a la práctica. En esta última categoría de ocio incluía el que, finalmente, me hubiese apartado de la influencia de mi travieso amigo de habitación. Y también la buena fortuna de haber conocido al Venerable Jampel Senge.

Como era costumbre monástica, la clase de Jampel Senge (que estaba un año más adelantada) en cierto punto de los estudios se había unido a la mía. Como algunos de los famosos personajes mencionados en la enseñanza que estás a punto de leer, él creció originalmente en una religión diferente y entró en nuestro monasterio más bien tarde; era un escéptico confirmado. Sin embargo, se quedó allí y se convirtió en un auténtico experto en budismo; cada día solíamos pasar horas juntos revisando lo que habíamos oído en la clase y preparándonos uno al otro para los debates nocturnos. Fue de Jampel Senge que aprendí el valor de los buenos amigos espirituales; al final, alcanzamos juntos el rango más elevado de gueshe. Después de la pérdida de nuestro país viajó a Italia, donde se convirtió en tutor del afamado tibetanólogo, profesor Tucci, hasta que falleció allí.

Fue antes de mis exámenes finales que el precioso Pabongka Rimpoché abandonó esta tierra. Después de las enseñanzas que seguí en Sera Me, el Rimpoché había viajado al distrito de Hloka, en el sur del Tíbet, para instruir allí a muchos discípulos. Continuó en la provincia de Dakpo, enseñando continuamente y falleció allí a los sesenta y tres años, en el 1941. Es costumbre en nuestro país incinerar el cuerpo de un santo y preservar sus cenizas en una pequeña capilla, y aún recuerdo el día en que llevaron sus restos a la ermita de la montaña Tashi Chuling. Se construyó una capilla y una gran cantidad de monjes, yo incluido, le rendimos respeto y le hicimos nuestras últimas ofrendas.

Los budistas creemos que, aunque el cuerpo muere, la mente —puesto que no es destructible como la materia física— continúa hasta entrar en un cuerpo nuevo, en el seno de una madre, si ha de ser humano. Creemos que grandes santos pueden seleccionar su nacimiento y que, movidos por la compasión, elegirán regresar para volver a enseñar a sus discípulos, si esto ha de resultar de beneficio. Por lo tanto, es costumbre que los discípulos busquen la ayuda de grandes hombres sabios para encontrar al niño que es reencarnación de su maestro.

La primera reencarnación de Pabongka Rimpoché nació en el área de Drikung en el centro del Tíbet, durante los turbulentos años en que los chinos invadieron por vez primera y empezaron a apoderarse de nuestro país. Se escapó con mucha de nuestra gente por las montañas del Himalaya hasta descender a los valles de la India. Una vez allí, la mayoría de los monjes que sobrevivieron al peligroso viaje fueron instalados por el gobierno indio en un campo de refugiados en la antigua y abandonada prisión de Buxall, en las junglas del estado de Bengala, al oeste de la India. (A mí casi me mataron durante el bombardeo de nuestro monasterio, y al llegar a la India fui elegido por Su Santidad el Dalai Lama para trabajar en la oficina de educación recién formada del gobierno en el exilio en Dharamsala, cerca de la frontera del norte de la India.)

La prisión de Buxall había sido construida años antes por los británicos durante su dominio de la India. Era una maciza estructura de cemento con grandes puertas de hierro, y construida adrede en medio de ninguna parte. Mahatma Gandhi y el Señor Nehru, líderes del movimiento de independencia de la India, habían sido algunos de sus distinguidos inquilinos.

La India es un país pobre, pero hizo lo mejor que pudo para ayudarnos a nosotros, refugiados; la prisión fue el único alojamiento disponible que pudieron encontrar en su superpoblado país. El clima en la jungla era cálido y húmedo –completamente opuesto al de nuestra tierra–. Al igual que las delegaciones de traductores que habían ido a la India mil años antes para traernos un alfabeto, la mayoría de nuestros monjes fallecieron al caer víctimas de la tuberculosis y otras enfermedades tropicales.

La prisión de Buxall, sin embargo, tenía una ventaja –soledad total–. Y por vez primera en la historia, grandes eruditos de todas las tradiciones y monasterios del Tíbet se reunieron en un mismo lugar durante más de una década. En este medio ambiente, el segundo Pabongka Rimpoché sobresalió en sus estudios, y en poco tiempo ya enseñaba a otros monjes temas como, la gramática y la composición. Se presentó a su examen de gueshe a una edad temprana, y destacó. Durante estos exámenes parecía estar débil y con dolores; inmediatamente después de haberlos terminado fue hospitalizado debido a una grave tuberculosis. Ante la desesperación de todos los monjes repentinamente falleció; sus seguidores más próximos no podían creer que eligiera dejarlos en unos momentos tan desesperados de nuestra historia. Caímos en la depresión y un gran gueshe incluso intentó matarse (a pesar de que creemos que es un acto negativo).

La segunda reencarnación de Pabongka Rimpoché fue descubierta en Darjeling, India, por su discípulo Kyabje Trijang Rimpoché y ahora es un prometedor monje en el nuevo monasterio de Sera, que se fundó en el sur de la India por un dedicado grupo de monjes que sobrevivieron a la penosa experiencia de Buxall. Vive en una cómoda vivienda construida por sus seguidores, algunos de los cuales también le habían asistido en sus dos vidas previas. Su tutor principal era el finado Giku Lama, Lobsang Samten, que también sirvió como líder de la nueva Casa Gyalrong y director del Fondo de Becas de Sera Me, que yo y mis propios estudiantes hemos establecido para que los jóvenes monjes en nuestros cursos de estudios tradicionales puedan adiestrarse continuamente.

El Pabongka Rimpoché original también sobrevive en los trabajos de sus discípulos principales, y en sus numerosos escritos. Su colección de trabajos comprende unos quince volúmenes con un total de cien tratados diferentes que abarcan un amplio abanico de temas, tanto de las enseñanzas públicas como secretas del Buda. Sus estudiantes jugaron un papel especial en preservar sus enseñanzas, ya que muchos de los trabajos principales que tenemos hoy son, de hecho, transcripciones de sus discursos orales compiladas por sus seguidores más cercanos. El comentario de los *Tres Senderos Principales* que tienes en tus manos, por ejemplo, fue preparado en base a un conjunto de anotaciones del Venerable Losang Dordje. El gran trabajo de Rimpoché sobre las *Etapas del sendero a la Budeidad*, titulado la *Liberación en Nuestras Manos*, fue compilado por Kyabje Trijang Rimpoché, Losang Yeshe Tenzin Gyatso, que sirvió como uno de los dos tutores del presente Dalai Lama y que era mi propio y precioso Lama raíz. Kyabje Trijang Rimpoché nos ha dejado una biografía detallada de Pabongka Rimpoché en dos volúmenes, junto con unos noventa extensos volúmenes compuestos gracias a su erudición. Es bajo la dirección de Trijang Rimpoché que he llevado a cabo una traducción al inglés de la *Liberación en Nuestras Manos* cuyo primer volumen será publicado este año.

A lo largo de muchos siglos, el Tíbet ha producido un extraordinario número de santos y eruditos budistas, por lo tanto, es raro que las enseñanzas de un Lama se conviertan en una obra clásica en su propia vida, tal y como lo fueron los trabajos de Pabongka Rimpoché. Ciertamente otra excepción a esta norma fue el incomparable Tsongkhapa, el autor de los versos originales de los *Tres Senderos Principales* del presente libro.

El nombre completo del Noble Tsongkhapa es Gyalwa Je Tsongkhapa Chenpo Lobsang Drakpa. Ocupa una posición única en nuestra tradición budista tibetana. De manera resumida, fue el mejor filósofo, el escritor más elocuente y el organizador más exitoso del budismo que haya vivido en nuestra tierra. Con el paso del tiempo, después de la obligada apertura de puertas de nuestro país, estoy seguro de que llegará a ser reconocido en todo el mundo como uno de los mejores pensadores de la historia.

Nació en 1357 en el área de Amdo al noreste del Tíbet, en un distrito denominado Tsongkha (de aquí su nombre, que significa "el de Tsongkha"). Tomó sus primeros votos básicos de muy joven, de Chuje Karmapa Rolpe Dordje, recibiendo el nombre de Kunga Nyingpo. A los ocho años había tomado sus votos de monje novicio y recibido iniciaciones en las enseñanzas secretas del budismo. Sobresalió en sus estudios y, siguiendo consejos de sus maestros, viajó al centro del Tíbet cuando tenía dieciséis años, en busca de instrucciones adicionales de muchos sabios de aquella zona.

Sería imposible relatar aquí todo lo que Je Tsongkhapa estudió. De manera resumida, dominó todas las enseñanzas públicas y secretas del budismo, así como las diversas ciencias clásicas. Unos cuantos ejemplos de los temas que estudió con diferentes maestros son: las enseñanzas secretas de Naro y el Gran Sello, de Che-nga Chuki Gyalpo; las antiguas tradiciones médicas, de Je Konchok Kyab; la perfección de la sabiduría, de maestros en el monasterio de Dewa Chen, el gran maestro Sakya Rendawa, y Nyawon Kunga Pel; las Etapas del sendero y otros preceptos de los Visionarios, de Hle Rimpoché; lógica clásica, de Lochen Dunsang, Venerable Rendawa y Dordje Rinchen; el tesoro del conocimiento, de Lochen Dunsang y el Venerable Rendawa; el camino medio, del Venerable

Rendawa y Kenchen Chukyab Sangpo; las enseñanzas secretas de la rueda del tiempo, de Yeshe Gyaltsen y otros; las de la colección secreta, del Venerable Rendawa así como de Hle Rimpoché y otros, según el sistema de su propio maestro, Buton Rimpoché; el *Libro Azul* de los maestros Visionarios, las actividades de los bodhisatvas y antiguos textos de adiestramiento mental de Kenchen Chukyab Sangpo y la lista sigue y sigue.

Aquí no se incluyen todas las enseñanzas que, según se dice, el Noble Tsongkhapa había recibido directamente de seres iluminados, a través de sueños, visiones y del contacto directo. Leemos, por ejemplo, que durante muchos años le enseñó el ser divino, Voz Gentil. Al principio, uno de sus principales maestros, Lama Umapa, actuaba como una especie de traductor; posteriormente, el Noble Tsongkhapa fue por sí mismo capaz de conectar y aprender de ese ser elevado.

Deberíamos decir unas palabras sobre estos "seres divinos". Nosotros, los budistas creemos que hay muchos Budas en el universo y que pueden aparecer en uno o más planetas al mismo tiempo, si esto puede ayudar a los seres que allí viven. Creemos que un Buda es la evolución última de toda vida; que él puede conocer todas las cosas, pero no tiene todo el poder: no creó el universo, por ejemplo (lo hemos construido por la fuerza de todos nuestros actos propios pasados, buenos y malos), ni puede sacarnos nuestros sufrimientos, los cuales creemos que vienen de nuestros propios actos pasados y que deben ser eliminados por nosotros mismos.

Creemos que, por medio de estudiar y practicar la enseñanza del Buda, nos podemos convertir en Budas, al igual que lo puede hacer cualquier ser consciente. Por lo tanto, cuando hablamos de seres iluminados que aparecen directamente a un santo, no quiere decir que los budistas creemos en muchos dioses o algo parecido, sino más bien que cualquier ser que ha eliminado todo su sufrimiento y obtenido todo el conocimiento puede aparecer ante cualquiera de nosotros, en cualquier forma que pueda ayudarnos a alcanzar su estado último.

Sólo después de haber recibido una gran cantidad de enseñanzas el Noble Tsongkhapa tomó su ordenación completa como monje. Esto ocurrió en Yarlung, al sur de Lhasa, cuando tenía veinticinco años. El nombre de ordenación que ya había recibido al convertirse en novicio fue el de Lobsang Drakpa –y es en memoria del Noble Tsongkhapa que tantos tibetanos se llaman "Lobsang"–.

En este punto, su transición de estudiante a maestro se estaba acelerando rápidamente y, de hecho, más tarde, enseñó a varios de sus propios grandes maestros. Podemos entender más claramente su vida desde este punto de vista si vemos la influencia que su enseñanza aún tiene sobre el budismo hoy, en vez de simplemente seguir su carrera hasta el momento final en el monasterio de Ganden en 1419, cuando falleció a la edad de sesenta y dos años.

El budismo es considerado como una de las grandes religiones del mundo moderno, pero la verdad es que se encuentra en vías de extinción. En algunos países ha desaparecido recientemente a causa de violentas maniobras políticas. En otros países subsiste, pero no en su forma completa: el Buda enseñó los así denominados senderos "mayor" y "menor", englobados en las cuatro grandes escuelas de pensamiento y todas ellas sólo se estudian y practican de manera activa en la tradición tibetana. Esta tradición sobrevive principalmente en nuestras universidades monásticas; entre ellas, las tres grandes instituciones de Ganden, Drepung y Sera son las sedes principales. Podemos aprender mucho de los años de adulto del Noble Tsongkhapa buscando su influencia en estos últimos grandes bastiones del sendero budista.

De hecho, vemos su mano en todas partes. Un niño monje en el monasterio de Sera, por ejemplo, empieza su educación formal con el estudio de la lógica y como libro de texto es probable que use, o bien el *Sendero a la Libertad* o la *Joya del Razonamiento*. Los dos fueron escritos por discípulos directos del Noble Tsongkhapa: el primero por Gyaltsab Je (1362–1432) y el segundo por Gyalwa Gendun Drub (1391–1475).

Durante su segundo curso, doce años en lo que denominamos la "perfección de la sabiduría", nuestro monje usará el *Rosario Dorado,* un comentario compuesto por el maestro en Kyishu y Dewa Chen después de su ordenación final. El monje utilizará también el inmenso *Joya Esencial,* otro trabajo de Gyaltsab Je. Cuando alcanza la parte del curso que aborda los "temas especiales" seguramente aprenderá de memoria las doscientas treinta páginas de la *Esencia de Elocuencia* de Noble Tsongkhapa sobre los principios de las grandes escuelas budistas.

Entre cursos, el joven monje, a menudo, tendrá oportunidades de asistir a discursos impartidos por Lamas de visita; quizás por el Dalai Lama en persona. El actual es el número catorce de su línea; y como podemos suponer, el primero era otro de los discípulos directos del Noble Tsongkhapa. Temas populares en estos discursos públicos son las *Etapas Extensas del Sendero* (del Noble Tsongkhapa), la *Vida del Bodhisatva* (probablemente con el comentario la *Puerta para los Bodhisatvas* de Gyaltsab Je) o los *Tres Senderos Principales* (nuestro texto presente, también del Noble Tsongkhapa)

El siguiente curso del monje estudiante será la difícil filosofía del "camino medio" según la escuela más elevada del budismo. Usará el *Gran Comentario* del Noble Tsongkhapa para comprender los antiguos comentarios indios. Si profundiza más, el monje podría leer *Lo que abre el Ojo,* la gran exposición sobre la vacuidad de Kedrub Je (1385–1438), también discípulo directo del Noble Tsongkhapa.

Adonde vaya el joven erudito se ve rodeado de la influencia del Maestro. El monasterio por el que camina ha sido fundado o bien por el Noble Tsongkhapa o por uno de sus discípulos directos: Ganden en 1409 por el Noble mismo, Drepung en 1416 por Jamyang Chuje Tashi Pelden, y Sera en 1419 por Jamchen Chuje Shakya Yeshe.

Incluso las ropas que lleva el monje fueron en parte diseñadas por el Noble Tsongkhapa. Cuando se sienta en su habitación para meditar, es probable que empiece representando mentalmente al Maestro, tal y como se enseña en el popular manual *Práctica del Lama*. Cuando mueve sus semillas en el rosario, puede estar contando *miktsemas,* súplicas al Noble Tsongkhapa, el equivalente tibetano al Ave María.

El monje, gradualmente, llegará a su examen de gueshe en el gran festival del *Monlam,* una celebración de tres semanas consagradas a las actividades espirituales e instituido por el Noble Tsongkhapa en 1408. Si es un mongol, probablemente contará su día de nacimiento a partir del gran Festival de las Luces del 25 del décimo mes asiático: un día consagrado a la memoria del Noble Tsongkhapa.

Si llega hasta este punto, el siguiente curso del monje abarcará lo que se denomina el "tesoro del conocimiento". Su comentario básico será el del primer Dalai Lama, estudiante del Noble Tsongkhapa. Para entonces el monje ya es un experto en lógica y puede usar el *Tesoro de Gyalwang,* una exposición dialéctica compuesta por Gyalwang Trinley Namgyal, de hace unos cien años. Este autor también es famoso por escribir la *Gran Biografía* del Noble Tsongkhapa.

A lo largo de su trabajo en el curso, el estudiante asiste diariamente a sesiones de debate: va a un espacio abierto en el monasterio y debe defender su comprensión de la lección del día, citando textos de memoria puesto que no puede traer consigo ningún libro. Aquí, de nuevo, está siguiendo el ejemplo del monje de Tsongka, que de joven viajó al centro del Tíbet y destacó en grandes debates públicos en los monasterios de Dewa Chen, Sakya, Sangden, Gakrong, Damring, Eh, Nenying y otros.

Si logra pasar su examen de Gueshe con honores, el monje será candidato para asistir a uno de los dos colegios tántricos, donde aprenderá las enseñanzas secretas del budismo. Uno de sus tratados principales será el de *Las Etapas Mayores del Sende-*

ro Secreto del Noble Tsongkhapa. Puede usar también uno de los muchos tratados detallados de Kedrup Je, otro de los ilustres estudiantes del Maestro. Los escritos reunidos del Noble Tsongkhapa y sus dos discípulos principales normalmente se imprimen juntos bajo el título *Colección de Trabajos del Padre y sus Hijos* Tienen no menos de treinta y ocho grandes volúmenes que contienen unos trescientos tratados diferentes sobre todos los temas de la filosofía budista. La composición del Noble Tsongkhapa se caracteriza por extensas referencias a los antiguos clásicos del budismo, un uso estricto de las normas de la lógica y precisas definiciones, un extenso vocabulario de tibetano que, seguramente, nunca podrá ser igualado, una observación incomparable de las normas de la gramática clásica, y una sensibilidad hacia las necesidades de los estudiantes de cada nivel —desde el principiante al avanzado—.

Este último punto es la razón por la que a lo largo de los siglos el presente trabajo, los *Tres Senderos Principales*, ha sido tan popular en el Tíbet. Tal y como describe el comentario, el Noble Tsongkhapa ha conseguido empaquetar las enseñanzas completas del budismo en catorce simples versos. Creemos que si se estudia este tratado con un corazón puro y el esfuerzo correcto puede dirigirte a la Iluminación.

Tal y como sus líneas de clausura revelan, el texto de los *Tres Senderos Principales* fue escrito por el Noble Tsongkhapa para su estudiante Ngawang Drakpa, a quien también conocemos como Tsako Wonpo —"el fraile del distrito de Tsako"—. Ngawang Drakpa no era uno de los estudiantes más afamados del Noble Tsongkhapa, aunque en un maravilloso dibujo de él aparece con el grupo de estudiantes cercanos agrupados alrededor del maestro en la pintura central del Tsongkha Gyechu, una versión tradicional de la vida del Noble Tsongkhapa en un grupo de quince pinturas en pergamino.[2]

Sorprendentemente, una de las mejores fuentes de información que tenemos sobre Ngawang Drakpa es la biografía de Pabongka Rimpoché, el autor del presente comentario. En el primer volumen del trabajo nos cruzamos con un intercambio cautivador entre el Rimpoché y su madre, que se ha presentado en el monasterio de Sera y ha quedado aterrada ante la austeridad de su vida allí. Ella se pregunta en voz alta cómo podrían haber sido las cosas si el mundo hubiera reconocido al chico por lo que era –la reencarnación del gran Changkya, que había servido como consejero personal espiritual del Emperador de la China unos 200 años antes y cuyos lujosos aposentos aún esperaban cerca del palacio en Pekín a la siguiente reencarnación–. Pero Pabongka le responde:

No veo cómo puedo afirmar que haya exhibido ni tan siquiera la más mínima traza de las buenas cualidades que solía tener Changkya Rolpe Dordje: su conocimiento y sus logros espirituales. Admitiré, no obstante, que siento una tremenda fe y admiración por este gran hombre y cuando leo sus trabajos, definitivamente, los encuentro más fáciles de entender que otras escrituras. Es cierto también que, de joven, siempre he sentido una gran atracción por el tipo de silla china en la que Changkya solía montar, y una gran predilección hacia todas las cosas chinas.

Esto, y el hecho de que tú, madre, solías hablarme tanto de cómo me reconocieron como él, me ha hecho preguntar si realmente no podría ser el Changkya –y a veces empiezo a identificarme con él–.

En alguna ocasión también me viene al pensamiento que, en otros tiempos, he sido otras personas también... en los días en que nuestro gran y gentil protector Tsongkhapa vivía sobre esta tierra yo fui, a veces creo, aquel fraile de Tsako, Ngawang Drakpa.[3]

A causa de esta revelación, el autor de la biografía de Pabongka Rimpoché relata brevemente la vida de Ngawang Drakpa. Vemos una escena en las pinturas de la vida del Noble Tsongkhapa en que enseña a un grupo de cuatro monjes en un templo denominado Keru, y en la descripción del gran Jamyang Shepa (1648-1721) leemos que el Maestro impartió lecciones sobre la perfección de la sabiduría, lógica y el camino medio a Ngawang Drakpa y a sus amigos de clase.[4] Esto parece haber ocurrido justo después de la ordenación del Noble Tsongkhapa, y antes del primer contacto con sus tres discípulos más famosos: Gyaltsab Je, Kedrup Je y el primer Dalai Lama.

El biógrafo de Pabongka Rimpoché está de acuerdo y cita la *Biografía Secreta* demostrando que Ngawang Drakpa pertenecía a un grupo de alumnos del Maestro denominados los "Cuatro Originales", antes de su periodo de reclusión. Aquí se afirma que Ngawang Drakpa nació en la línea de los reyes de Tsako, en el lejano este del Tíbet, en Gyalmo Rong. Este es otro nombre para Gyalrong, que es también la misma casa en Sera Me donde el niño Pabongka fue instalado por consejos del sabio.

Leemos que Ngawang Drakpa, al igual que el Noble Tsongkhapa, también viajó hasta el centro del Tíbet, en busca de instrucción adicional. Se convirtió en un adepto, tanto en las enseñanzas públicas como secretas, conoció y aprendió del Maestro y le acompañó en un viaje al monasterio de Tsel en Kyishu, un distrito en el este del Tíbet. Después de su vuelta a Lhasa, la capital, llevó a cabo diversas prácticas espirituales.

Una historia muy conocida sobre Ngawang Drakpa señala que, por esta época, él y su maestro acordaron prestar una atención especial a sus sueños de la siguiente noche. Ngawang Drakpa soñó que miraba al cielo y vio dos grandes conchas blancas, igual que las que vaciamos en Tíbet para usar como trompetas en las ceremonias religiosas. Las conchas descendieron al regazo de sus ropas y, de repente, se mezclaron una en la otra.

Ngawang Drakpa se vio cogiendo la concha y soplándola —su sonido era ensordecedor y se esparció a una distancia inconcebible—. El Noble Tsongkhapa interpretó el sueño para su estudiante, diciendo que predecía que Ngawang Drakpa esparciría las enseñanzas del Buda en su distante hogar de

Gyalrong. En efecto, esto se cumplió, ya que se le acredita la fundación de más de cien monasterios en el este del Tíbet.

La biografía de Pabongka Rimpoché también habla de la relación cercana entre este discípulo y el Noble Tsongkhapa. En las líneas finales de los *Tres Senderos Principales,* el Maestro le llama "hijo mío" mostrando un afecto personal que no era muy típico del gran erudito. También era especialmente dado a satisfacer las peticiones de enseñanzas de Ngawang Drakpa (en la escena en el Templo Keru vemos a algunos de los monjes haciendo un gesto de súplica ante el Maestro) y se dice que Je Tsongkhapa compuso el relato del famoso bodhisatva Siempre Llora debido a una petición personal de Ngawang Drakpa.[5]

Como evidencia final de su profundo vínculo, nuestro biógrafo cita una carta que el Noble Tsongkhapa envió a su estudiante. Por el contexto (el mensaje entero aún existe), sabemos que Ngawang Drakpa ya ha emprendido el largo viaje de vuelta a Gyalrong y está haciendo tremendos esfuerzos para enseñar a la gente de allí. En estas breves y hermosas líneas[6] el Maestro implora a su discípulo que siga sus instrucciones privadas. Le urge a actuar y a rezar, en todas sus vidas, tal y como lo hace él. Invita a Ngawang Drakpa a encontrarse con él otra vez, al final, en la Iluminación, donde promete ofrecer a su favorecido estudiante el primer sorbo de su copa de inmortalidad.

El final de nuestra historia no es tan agradable: somos refugiados del Tíbet, expulsados de nuestro Shangrila por los ejércitos chinos. Las salas de la casa de Gyalrong, donde Pabongka Rimpoché obtuvo su conocimiento y yo gastaba mis bromas a Yeshe Lobsang, han sido bombardeadas y quemadas. La montaña ermita del Rimpoché, Tashi Chuling, subsiste como un extraño esqueleto –sólo queda la pared de piedra frontal, ya que el resto fue destrozado por los chinos con el fin de tener madera para quemar–. La celda del monje en la boca de su maravillosa cueva de meditación, Takden, fue destruida de manera que ahora ni tan siquiera se puede encontrar su entrada.

Como budistas, los tibetanos no sentimos odio hacia los chinos, sólo una profunda tristeza ante la pérdida de nuestro país y tradiciones, y por la muerte de más de un millón de amigos y familiares. En un sentido nos hemos vuelto más conscientes de lo preciosa y corta que es la vida y de que deberíamos practicar la religión mientras aún tengamos vida para hacerlo. Nuestra pérdida es quizás la mayor ganancia del mundo, puesto que enseñanzas como la que estás a punto de leer llegan ahora por vez primera al mundo externo. Rezo para que este libro nos ayude a todos a destrozar a nuestros verdaderos enemigos: las emociones aflictivas de la atracción, la repulsión y la ignorancia, dentro de nuestras propias mentes.

Sermey Gueshe Lobsang Tharchin, Baksha (Abad)
31 Mayo, 1988. Día 15 del Cuarto mes budista
Rashi Gempil Ling
Saka Dawa, el día de la Iluminación del Buda
Primer Templo Budista Kalmuk
Freewood Acres, Howell. New Jersey. USA

Los Tres Senderos Principales

AQUÍ ESTÁ GUARDADA *"LA llave que Revela la Puerta hacia el Sendero Noble"*[7] una crónica compuesta cuando el glorioso Pabongka Rimpoché, el Guardián del Diamante,[8] impartía enseñanzas sobre los *Tres Senderos Principales.*

"Namo guru Manjugoshaya".
Me postro ante el Maestro de la Sabiduría
Cuyo nombre es Voz Gentil.

Me postro en primer lugar ante mi maestro que, movido por una amabilidad incomparable, se camufla con la ropa azafrán,[9] aunque, en verdad, él es los tres secretos de cualquier Vencedor[10].

Seguidamente prometo tratar de escribir aquí unas notas breves de explicación de los versos enseñados por Voz Gentil[11]: *Los Tres Senderos Principales.*[12]

Los Preliminares

I
El Lama y el mundo

HABÍA UN LAMA QUE era la imagen misma del conocimiento, el amor y el poder de cada uno de los incontables budas. Todo en una sola persona. Incluso para los que nunca le habían conocido era el mejor amigo que cualquiera de ellos, elevado o humilde, pudiera esperar tener. Situado en el centro de nuestro universo, estaba el santo Lama, el único protector de todos los que le rodeaban en esos días degenerados. Era el gran Guardián del Diamante, Pabongka Rimpoché, cuya amabilidad no tenía parangón. Y sus labios santos pronunciaron una enseñanza.

Habló de la esencia de las "Etapas a la Budeidad", una enseñanza que, en sí misma, es el corazón de todo lo enseñado por cada Buda del pasado, presente y futuro. Habló de los *Tres Senderos Principales*, la esencia del néctar de todas las maravillosas palabras alguna vez pronunciadas por el Maestro, Voz Gentil.

A lo largo de los años, Pabongka Rimpoché nos impartió esta profunda instrucción en numerosas ocasiones. Siguió los versos originales de cerca y desarrolló bien la enseñanza, envolviendo en ella cada punto, profundo y vital. Temiendo poder olvidar algunas partes de la misma, tomamos notas de distintas fuentes y las reunimos para componer una sola obra.

II

¿Por qué aprender los tres senderos principales?

Pabongka Rimpoché inició su enseñanza con unas observaciones introductorias que empezaban con unas líneas del gran Tsongkhapa, Rey del Dharma[13] en los tres reinos[14]. La primera decía así, "más que una joya que concede todos los deseos, esta vida de oportunidad"[15]. Basándose en estas líneas, el Rimpoché fue capaz de relacionar dichas notas de apertura con el sendero entero, de principio a fin, resumiendo de manera breve algunos de los puntos más importantes.

Estos empezaban con lo necesario que era para nosotros, la audiencia, cambiar sinceramente nuestro corazón y escuchar la enseñanza con la más pura de las motivaciones. Teníamos que poner especial esmero en evitar los tres famosos "problemas del recipiente"[16] y seguir la práctica según la cual se usan seis imágenes para recibir la instrucción.[17] Pabongka Rimpoché nos detalló los diversos puntos: Dijo, por ejemplo, que hablaría primero sobre cómo evitar el problema de ser igual a un recipiente sucio, ya que una buena motivación era importante no sólo en las horas de clase sino también en las etapas de contemplación y meditación que deben seguir al periodo inicial de instrucción.

Existe una gran vía por la que cada uno de los budas de los tres tiempos viajan. Es la única lámpara que guía a los seres conscientes de las tres tierras.[18] No es otra que la enseñanza conocida como las Etapas a la Budeidad. Y el corazón, la vida misma de esta enseñanza, es la instrucción sobre los tres senderos principales.

A todos nos gustaría convertirnos en budas para poder ayudar a los demás; pero para conseguir dicho estado hace falta trabajar hasta alcanzarlo. Y para poder alcanzarlo hace falta saber cómo. Y para saber cómo, hace falta estudiar el Dharma.

Además, el estudio que emprendamos debe centrarse en un sendero que nunca yerra.

Esto nos lleva a nuestro texto presente, los *Tres Senderos Principales*, compuesto por el protector Voz Gentil tal como apareció a sus discípulos bajo la forma de un hombre –el gran Tsongkhapa–. El impartió la enseñanza a Ngawang Drakpa, un fraile del distrito de Tsako, allí en el este, en el Valle de Gyamo[19]. Ofrecemos tan sólo una breve narración de este profundo trabajo, siguiendo las palabras de cada verso.

Aquí hablamos de los "tres senderos principales" mientras que en la enseñanza sobre las etapas a la Budeidad hablamos de practicantes con "tres motivaciones diferentes"[20]. Aparte de los distintos nombres que les damos y de algunas diferencias en sus divisiones, las enseñanzas sobre los tres senderos principales y las de las etapas a la Budeidad son, esencialmente, idénticas. Para el presente texto se ha desarrollado una tradición de enseñanza separada debido a las diferentes categorías que emplea para presentar los mismos temas.

Los tres senderos principales son como la viga principal que sostiene todo el techo. Tu mente debe estar llena de estos tres pensamientos si deseas practicar cualquier Dharma, sea el de las enseñanzas públicas o secretas del Buda. Una mente rebosante de renuncia te dirige a la libertad y una mente impregnada del deseo de convertirte en un buda para beneficio de cada ser consciente te lleva a la omnisciencia. Por último, una mente imbuida de la visión correcta te sirve como antídoto a la existencia cíclica o ciclo de la vida.

De lo contrario, puedes hacer actos no virtuosos, los que denominamos de "no mérito", y renacer en una de las vidas miserables.[21] Los actos de "mérito" sólo te harán nacer como hombre o como un ser divino o de placer en el reino del deseo. Los actos que llamamos "invariables" sólo te convertirán en un ser de placer en los reinos de la forma y sin forma. Puedes pretender que practicas cualquier cosa –los canales y aires y gotas, el Gran Sello, la Gran Consumación, los estados de

Creación y Consumación, lo que sea[22]– pero, a menos que los tres senderos principales llenen tus pensamientos, cada una de estas profundas prácticas sólo te conducirán al ciclo de nacimientos, no pueden dirigirte a la libertad ni al estado de conocimiento completo.

Lo encontramos en una pregunta que Gueshe Puchungwa planteó a Chengawa.[23] "Digamos que por un lado, pudieras ser una de aquellas personas que ha dominado las cinco ciencias,[24] que ha obtenido la concentración más estable en un solo punto, alguien que posee los cinco tipos de clarividencia[25], que ha experimentado los ocho grandes logros espirituales.[26] Y digamos que por otro lado, pudieras ser una persona que aún ha de conseguir la experiencia completa de las enseñanzas del Noble Atisha[27] pero que, sin embargo, ha desarrollado un reconocimiento tan firme de su verdad que nadie podría jamás hacerle dudar de ella. ¿Cuál de los dos elegirías ser?"

Y Chengawa dijo en respuesta, "Maestro mío, olvidemos cualquier esperanza de experimentar todas las etapas a la Budeidad, me contentaría con ser alguien que tiene un breve atisbo de comprensión, alguien que puede decirse a sí mismo: he empezado a caminar desde la primera de las etapas a la Budeidad.

"¿Por qué sería ésta mi elección? En todas mis vidas previas hasta ahora he sido un experto en las cinco ciencias incontables veces. Incalculables veces he conseguido la concentración unipuntualizada, incluso hasta el punto de poder sentarme en meditación durante un eón. Lo mismo ocurre con los cinco tipos de clarividencia, y los ocho grandes logros. Pero nunca he podido ir más allá del círculo de la vida, nunca he salido de ella. Si pudiera obtener una experiencia completa de las etapas a la Budeidad enseñadas por Atisha, con toda seguridad lograría dar la espalda a esta rueda de nacimientos".

Esta misma idea se transmite en las historias del hijo del brahmin Tsanakya[28], el experto meditador de la práctica llamada Hevajra[29] y otras. El noble Voz Gentil le habló así a nuestro protector, el gran Tsongkhapa:

Supón que te descuidas de consagrar una parte de tu práctica a pensar en los diversos problemas de la vida cíclica y en los diferentes beneficios de librarse de ella. No te sientas a meditar haciendo que tu mente trate de abrirte los ojos a la fealdad de la vida, o a las maravillas de la libertad. Así nunca llegarás al punto de dejar de pensar, ni por un solo instante, en la vida presente. Nunca dominarás el arte de la renuncia.

Y digamos que sigues intentando desarrollar habilidad en alguna gran práctica virtuosa —la perfección de la generosidad, de la moralidad, de soportar la adversidad, del esfuerzo o de morar en concentración[30]—. No importa la que sea; ninguna de ellas te podrá dirigir al estado de libertad. La gente que realmente ansía la libertad, en primer lugar, debe olvidarse de todos los consejos supuestamente profundos. Deberían valerse de la meditación de "revisión mental" para desarrollar renuncia.

Los que intentan practicar el sendero mayor han de reservar un periodo regular de tiempo para considerar lo perjudicial que es concentrarse en el propio bienestar y cuánto beneficio se obtiene al concentrarse en el bienestar de los demás. Gradualmente, estos pensamientos se volverán habituales; nada de lo que hagas sin ellos llegará a ser un sendero que te dirija a algún lugar.

Las virtudes que lleves a cabo de otro modo se verán alteradas por el hecho de que las haces para tí mismo —por lo tanto, lo único que traerán, al final, es lo que se conoce como "Iluminación menor"—. Esto es similar a lo que sucede cuando no eres capaz de practicar profundamente los diversos aspectos de la renuncia porque te descuidas de consagrar un poco de tiempo a pensar en ello —cada uno de tus actos virtuosos se ve afectado por tu interés hacia esta vida presente, y sólo te lleva de vuelta al ciclo de nacimiento—.

Es indispensable, pues, primero ganar fluidez en la actitud de la renuncia y en el deseo de obtener la Budeidad para todo ser consciente. Por ello, posterga de momento, todas las supuestas prácticas profundas: las enseñanzas secretas y demás.

Una vez hayas logrado desarrollar estas actitudes, quieras o no, cualquier acto virtuoso te dirigirá a la libertad y al estado en el que conoces todas las cosas. Es, por tanto, una señal de total ignorancia sobre los puntos más esenciales del sendero[31] el que una persona no considere dichos pensamientos merecedores de ocupar su tiempo de meditación.

A lo que nos referimos respecto a la meditación de "revisión mental" es a un tipo de meditación en el que eliges una línea de pensamiento particular y la analizas. Los tres senderos principales son la flor y nata de todas las santas palabras que han pronunciado los budas. Los significados de todas estas palabras y los comentarios al respecto quedan integrados dentro de la enseñanza acerca de los senderos de los practicantes con las tres motivaciones diferentes. Y dicha enseñanza queda aún más integrada en la instrucción sobre las etapas a la Budeidad que, a su vez, se integra en la referente a los tres senderos principales.

¿Cómo puede quedar cada una envuelta de este modo en la siguiente? Cualquier pensamiento expresado en las santas palabras de los budas y los comentarios que las explican fueron pronunciados con el único objetivo de ayudar a los discípulos a obtener el estado de la Budeidad. Para alcanzarlo, uno debe estar versado en las dos causas que lo producen: los denominamos "método" y "sabiduría". Los elementos principales de estas dos causas son también dos: el deseo de obtener la Budeidad para beneficio de todos los seres vivos y la visión correcta. Para el desarrollo de ambas actitudes en tu corriente mental, en primer lugar, debes despertar una aversión absoluta hacia todas las cosas aparentemente buenas de la vida que uno pasa en el ciclo de nacimientos.

Supón que nunca te las arreglaras para despertar el deseo de liberarte del ciclo de la vida –supón que nunca obtuvieras una renuncia completa–. Será completamente imposible para ti desarrollar lo que denominamos "gran compasión" –el deseo de liberar a cada ser vivo del ciclo–. Esto hace de la renuncia un "sin ella, nada consigo".

Para poder alcanzar el cuerpo de la forma de un buda,[32] uno debe reunir lo que denominamos "acumulación de mérito". Este acopio depende, principalmente, del deseo de obtener la Budeidad para el beneficio de cada ser consciente. Para alcanzar el cuerpo de Dharma de un Buda, uno debe tener "acumulación de sabiduría". Y para ello, lo más importante es desarrollar la visión correcta. Los puntos vitales del sendero se han sintetizado en los tres senderos principales, que se han convertido en una instrucción asumible para los estudiantes. Estas palabras de consejo directamente impartidas por Voz Gentil a nuestro noble precioso son, verdaderamente especiales.

Es imposible dirigir tu mente hacia la práctica espiritual a menos que desde el inicio tengas renuncia. Es imposible que esta práctica sea un sendero del camino mayor a menos que poseas el deseo de convertirte en un Buda para beneficio de todos los seres. Y es imposible desembarazarte totalmente de los dos obstáculos[33] a menos que tengas la visión correcta. Por esto se dice que estas tres actitudes son los "tres senderos principales".

Una vez domines con fluidez los tres senderos principales, todo lo que hagas se convertirá en práctica espiritual. Si tu mente no estuviese repleta de esos tres pensamientos, nada en lo que te involucrases te llevaría a ningún otro lugar aparte del viejo círculo de nacimientos. Tal y como dicen *Las Etapas del Sendero Extensas*:

Supón que pretendes llevar a cabo algún tipo de actividad virtuosa, pero aún has de encontrar el antídoto especial que destruye tu tendencia a ansiar las cosas buenas de esta vida cíclica –aún no tienes éxito en la meditación que analiza las desventajas del círculo de la vida usando las diversas razones expuestas–. Supón también que aún no has investigado del todo el significado de la "carencia de naturaleza propia, esencial", valiéndote de una sabiduría que analiza. Y digamos además que aún careces de familiaridad suficiente con los dos tipos de deseo de obtener la Budeidad para cada ser vivo.[34]

Si consigues hacer un par de cosas buenas en relación a algún objeto santo, podrás conseguir algo bueno como resultado, pero sólo debido al poder del objeto. Al contrario, todo lo que has hecho es sencillamente volver a la vieja fuente de sufrimiento, y regresarás una y otra vez a la rueda de nacimientos.[35]

Los Visionarios de la Palabra de antaño llegaban a la misma conclusión cuando decían: "Todo el mundo tiene algún ser místico (skt: *yidam*) en el que meditar y algunas palabras místicas (skt: *mantra*) que pronunciar porque en realidad nadie tiene una práctica verdadera en la que pensar".[36]

Por lo tanto, los que tenemos la intención de llevar una práctica espiritual realmente pura, deberíamos intentar encontrar la que nos guíe a la libertad y al conocimiento o sabiduría totales. Una práctica así nos debería convertir en expertos en los tres senderos principales. Los tres son como el núcleo vital de las enseñanzas de las etapas a la Budeidad. Tal y como el Noble Tsongkhapa que es todo conocimiento, señaló en una ocasión: "Utilicé la *Lámpara para el Sendero* como mi texto fundamental, e hice de estos tres la vida misma del sendero".[37]

Por lo tanto, ahora sólo daremos una breve enseñanza utilizando como texto básico los *Tres Senderos Principales*, las palabras del Noble Tsongkhapa.

III

Un ofrecimiento de alabanza

EMPEZAREMOS CON LA PRESENTACIÓN del esbozo general del trabajo. Esta instrucción sobre los tres senderos principales tiene tres divisiones básicas: los preliminares que llevan a la composición del texto, el cuerpo principal y la conclusión de la explicación. La primera de estas divisiones tiene tres secciones propias: ofrecimiento de alabanza, promesa para componer el trabajo y un fuerte estímulo para que el lector se entregue al estudio.

Lo que llamamos el "ofrecimiento de alabanza" aparece en la línea de apertura del trabajo:

Me postro ante todos los santos y elevados Lamas

Lo primero que debe hacer quien desee componer un comentario es postrarse ante su ser noble. Tal y como señaló el Maestro Dandin:

> La bendición, la postración y la esencia deben quedar escritas: son la puerta.[38]

También leemos que, "uno debería postrarse ante el que considera su noble". El propósito de esta postración es poder acabar la composición sin interrupciones ni obstáculos. La palabra *todos* en la expresión "todos los… Lamas" hace referencia, en un sentido general, a los Lamas personales y a los del linaje –los que han transmitido las enseñanzas a través de tradiciones como la "actividad extensa" y la "visión profunda"[39]–. Pero, de un modo más especial, tiene el sentido que se le otorga en la oración denominada *El Conocimiento que Revela el Mundo*: se refiere al victorioso Guardián del Diamante, al glorioso noble, Voz Gentil y al Héroe del Diamante.[40]

El noble, Voz Gentil, se manifestó reiteradas veces ante el gran Tsongkhapa. Hay diferentes maneras en que un ser así puede aparecerse a una persona: puedes verle en sueños, en tu imaginación o directamente. Hay dos maneras de verle directamente: con los sentidos físicos o con la mente. La manera en que Voz Gentil se le aparecía a nuestro protector, el gran Tsong Khapa, era directamente a sus sentidos físicos; se sentaban como maestro y estudiante. Y fue así como Tsongkhapa aprendió de él las enseñanzas públicas y secretas.

Sin embargo, algunas personas discrepan: piensan que nuestro Noble Lama escribió aquellos diversos tratados sólo gracias a su habilidad escolástica y profundidad moral. No obstante, la verdad es que no hay ni un ejemplo en todos los escritos del Noble Tsongkhapa –ningún tratado, mayor o menor– que no hubiese sido pronunciado por Voz Gentil. El Noble Tsongkhapa consultaba a Voz Gentil cada una de las cosas que hacía y seguía sus instrucciones al pie de la letra –incluso en relación con temas como dónde debería vivir, y cuántos asistentes deberían acompañarle cuando viajaba a alguna parte–.

Este Noble entre los Lamas fue capaz de dar explicaciones definitivas sobre cada punto profundo y vital, tanto de las enseñanzas públicas como de las secretas –sobre temas que ninguno de los sabios ya desaparecidos pudo siquiera sondear–. Estas explicaciones no son, de ningún modo, invención del Noble Tsongkhapa, sino que proceden de los labios del mismo Voz Gentil.

En general, cuando se escribe el ofrecimiento de la alabanza al principio de un tratado budista, se acostumbra a rendir tributo a la compasión, a los tres tipos de conocimiento,[41] o sabiduría o a cualquier otro de los muchos y elevados objetos santos. Aquí, no obstante, la postración va dirigida a *los Lamas* por una buena razón. El lector ciertamente quiere experimentar las etapas del sendero a la Budeidad en su propia mente –y de modo más específico, los tres senderos principales–. La postración sirve para hacerle comprender que todo ello depende de cuán hábil sea en su práctica de seguir al Maestro espiritual.

IV

Cómo seguir a un Lama

U N LAMA ES EXTREMADAMENTE importante en los inicios de cualquier intento espiritual. Tal y como dijo Gueshe Potowa:

> Para alcanzar la liberación no hay nada más importante que un Lama. Incluso en las cosas simples de esta vida, aquellas que puedes aprender simplemente estando sentado mirando a alguien, no podrías aprenderlas sin una persona que te enseñe. ¿Cómo podrías entonces llegar a ninguna parte sin un Lama[42] si vienes de un viaje desde los nacimientos inferiores y deseas alcanzar un lugar en el que nunca has estado antes?

Desde luego que vas a tener que aprender de un Lama; la mera lectura de libros de Dharma no será suficiente. No ha habido ni una sola persona en la historia que haya obtenido objetivos espirituales sin un Lama, tan sólo leyendo libros de Dharma. Y tampoco sucederá en el futuro.

¿Qué clase de Lama debe ser? Un guía debe conocer todos los recovecos del sendero, incluso para llevarte a un lugar al que puedas llegar en un solo día. En el caso del Lama que se supone ha de dirigirte a la libertad y al estado del conocimiento totales, necesitarás a alguien que posea todas las cualidades necesarias. Es importante encontrar un Lama cualificado; no es algo que no debas tener en cuenta porque vas a terminar siendo como él, para mejor o peor. El estudiante se hace según el molde, como las pequeñas tablillas de arcilla en las que se imprimen imágenes santas.

¿Qué características hacen que un Lama sea cualificado? Según las enseñanzas sobre el compromiso de la ética o moralidad, debería ser "fuente de todas las buenas cualidades".[43] Es decir, el Lama debería poseer el don de la estabilidad y la sabiduría.[44] Según las enseñanzas secretas, debería encajar en la descripción que empieza con las palabras "las tres puertas bien refrenadas". Según la tradición general –tanto de las enseñanzas públicas como de las secretas– el Lama debe poseer diez buenas cualidades tal y como se menciona en el verso que empieza: "Tú que eres poseedor de las diez...".

Tu Lama debería ser al menos una persona que controla su mente por medio de practicar los tres adiestramientos[45], que posee un conocimiento de las escrituras y tiene experiencias reales. Tal y como afirman *Los Sutras de la Joya*:

> Entrégate a un guía espiritual disciplinado, en paz, elevada paz, con cualidades sobresalientes, con entusiasmo, que sea rico en escrituras, que tenga una profunda experiencia de la vacuidad, un maestro instructor, que sea la imagen misma del amor y está más allá del desánimo.[46]

Por su parte, el que pretende ser discípulo debe familiarizarse con las descripciones acerca de las virtudes de un Lama y después buscar al que las posea. Que el discípulo goce en mayor o menor medida de las bendiciones de la virtud depende del grado en que su Lama posea cualidades elevadas. Si el discípulo disfruta de una relación con un Lama que le puede guiar por el amplio abanico de senderos públicos y secretos, el discípulo obtendrá la bendición, en el sentido de que habrá escuchado y comprendido algunos de estos senderos en su totalidad. Conseguir, aunque solo sea una idea general de los senderos representa un mérito mayor que cualquier otra virtud que el estudiante pueda poseer.

Una vez el discípulo se las ha arreglado para encontrar a un Lama con las cualidades descritas, debe confiar en él de manera correcta.

A continuación, siguen los ocho grandes beneficios que puede obtener la persona que está correctamente comprometida con su maestro, empezando por "se acerca a la Budeidad".[47] Son también ocho los peligros derivados de tener un comportamiento inapropiado con el Lama; son los opuestos a

los beneficios acabados de mencionar. Según palabras del excelso Tsongkhapa:

> En primer lugar, comprende que la raíz misma para un inicio
> excelente en cualquiera de las buenas cosas de esta vida y de
> las futuras es esforzarte en el comportamiento adecuado de
> obra y pensamiento hacia el guía espiritual que te muestra
> el sendero;

> Por lo tanto, satisfácele con el ofrecimiento de llevar a cabo
> cada una de sus instrucciones, sin dejar de lado ni una
> sola de ellas

> Aunque pudiera costarte tu vida, yo, el maestro meditador, lo
> he puesto en práctica; tú que buscas la libertad, debes condu-
> cirte de igual manera.[48]

En los días del pasado, gentes como el Noble Atisha y el
gran Drom Tonpa,[49] alcanzaron niveles inmejorables de logro
espiritual y llevaron a cabo poderosas e incomparables actividades. Todo ello fue gracias a que consiguieron mantener una
relación correcta con su propio guía espiritual. Y no termina
aquí –podemos señalar al Noble Milarepa[50] y a otros del pasado, y decir exactamente lo mismo–.

Un comportamiento adecuado hacia el guía espiritual tiene
un potencial tremendo –tanto bueno como malo– para determinar un preludio propicio o no tanto en la práctica de una
persona. Marpa metió la pata delante de Naropa y arruinó
su oportunidad de tener un principio auspicioso.[51] Milarepa
ofreció a Marpa un cuenco de cobre, vacío, aunque absolutamente limpio. Su inicio en la práctica fue bueno y malo, en
correspondencia exacta con lo bueno y malo de su regalo.

El gran sustentante del trono Tenpa Rabje, tuvo que hacerle de enfermero a su tutor, el maestro Ngawang Chujor durante su enfermedad y como resultado consiguió una experiencia
del Camino Medio.[52] Sakya Pandita también sirvió perfectamente como enfermero del Venerable Drakgyen y todo lo que
le aconteció posteriormente fue gracias a este servicio: logró

percibir a su Lama como la deidad Voz Gentil; obtuvo un conocimiento sin mácula de las cinco grandes ciencias; una multitud de gente en las tierras de China, Tíbet, Mongolia y otros lugares le veneraron. Y la lista sigue y sigue.[53]

Ahora también deberíamos hablar de los peligros de un comportamiento inapropiado hacia el Lama. En *Los Puntos Difíciles para el Enemigo Negro* hay una referencia así de explícita:

La persona que no trata como a un Lama a alguien que le ha enseñado, aunque solo sea una línea, nacerá cien veces como perro y después nacerá en la más inferior de las castas.[54]

El texto raíz de la enseñanza secreta sobre la *Rueda del Tiempo* afirma:

Segundos de odio hacia tu Lama destruyen los mismos eones de tu virtud acumulada. Después traen igual número de eones en los que soportas el terrible dolor de los infiernos y el resto.[55]

El tiempo que dura un chasquido de tus dedos, está constituido por no menos de sesenta y cinco "instantes de acción mínima". Si una emoción de odio hacia tu Lama surge en tu mente durante este periodo, durante sesenta y cinco fracciones de segundos, permanecerás en el infierno durante un periodo igual a sesenta y cinco *eones*. Así es como se describe en la tradición del sendero menor, pero según las enseñanzas del sendero mayor, el tiempo es incluso más largo.[56]

Y hay más peligros; una persona que se comporta de modo inapropiado con su Lama sufrirá, tal y como se describe en los *Cincuenta Versos sobre Lamas*, incluso en esta vida presente: espíritus, diversas enfermedades, y otros problemas parecidos le asaltarán constantemente. A la hora de su muerte, se verá atormentado por un dolor insoportable en sus puntos vitales y le abrumará el terror. Además, morirá por una de las trece causas de muerte prematuras, etc.[57]

Hay incluso ejemplos adicionales acerca de los peligros: podemos recordar, entre otros, al Maestro Sangye Yeshe,[58] al que se le desprendieron los ojos, o al discípulo de Gueshe Neusurpa,[59] que murió prematuramente. En resumen, se afirma que el resultado que madura en una persona en sus vidas futuras por haber hablado mal de su Lama es tan horrible que ni siquiera un buda sería capaz de describirlo por completo. La persona nace en el más bajo de todos los infiernos, conocido como el "Tormento Sin Descanso", donde el dolor no tiene pausas.

Cuando hablamos del "comportamiento adecuado hacia el Lama", es necesario que el estudiante se dé cuenta de que no se hace distinción entre la persona de quien ha recibido enseñanzas formales de Dharma y la persona que le ha enseñado el alfabeto, etc. Todo lo que un discípulo hace en favor de su Lama y a lo largo de su relación —bien sea atendiéndole, mostrándole respeto, etc., todo a excepción de las cosas menores como las recitaciones diarias que el estudiante hace para sí mismo— todo cuenta como lo que se denomina "práctica del Lama". Por tanto, a un discípulo que sirve a su Lama no le hace falta buscar otras técnicas meditativas conocidas como la "práctica del Lama".

Cada uno de estos ocho beneficios u ocho peligros surgen de acuerdo con lo bien o mal que uno se haya comportado con su Lama. A lo largo de la relación el discípulo debe utilizar lo que llamamos "meditación analítica". Para ello, empieza desarrollando en su mente cada punto de la enseñanza relativa a la manera de comportarse hacia el Lama. Por ejemplo, podría comenzar con el hecho de que el Guardián del Diamante declaró que el Lama personal es como el mismo Buda.[60] A continuación, el discípulo debería seguir analizando otros puntos, uniendo la autoridad de las escrituras con el razonamiento lógico, para quedar conforme con la veracidad de cada uno de ellos.

De este tipo de meditación analítica no se puede prescindir en absoluto. A pesar de ello, aquí en el Tíbet la única persona que reconoció la meditación analítica como una forma de meditación fue el Noble Tsongkhapa. Hay otro tipo de meditación conocida como meditación "de carrerilla" en la que haces que tu mente se deslice por los conceptos relacionados con las palabras que estás recitando. Luego tenemos la "revisión" en la que tratas de recordar cada punto de una enseñanza particular mientras simplemente piensas, "esto es así, aquello es así". La meditación analítica es diferente, ya que te acercas a cada tema como a algo que has de probar o refutar —lo colocas en el centro de tu mente y lo analizas valiéndote de un gran número de afirmaciones autorizadas y aceptadas, así como de diversas líneas de razonamiento—.

En realidad, se da un ejemplo de "meditación analítica" cada vez que personas como nosotros enfocamos el pensamiento una y otra vez hacia algún objeto deseado, o algo así. Y por culpa de "esta meditación" nuestro deseo —o cualquier otra emoción insana— se vuelve más y más fuerte hasta poder afirmar que hemos obtenido bastante fluidez en ella. La idea aquí es invertir el proceso: llevar a cabo meditaciones analíticas, una a una, sobre temas como la afirmación del Guardián del Diamante de que el Lama es el mismo Buda. De esta manera rápidamente llegamos a un tipo diferente de fluidez: la experiencia de la verdad.

El concepto íntegro acerca de cómo debería uno entregarse al Lama correctamente aparece en los tres senderos principales con las simples líneas de alabanza: "me postro ante todos los santos y elevados Lamas". Existe, además, otra manera de interpretar las palabras "elevados", "santos" y "Lamas" que es haciendo alusión a las personas de los niveles de motivación inicial, media y mayor.

V

Una promesa para componer el trabajo

HEMOS LLEGADO AL SEGUNDO de los preliminares que conducen a la composición del texto. Esta es la promesa de componer el texto y aparece en el primer verso.

(1)

Explicaré de la mejor manera posible la esencia de todas las elevadas enseñanzas de los Vencedores, el camino que recomiendan todos sus sagrados Hijos, la puerta de entrada para los afortunados que buscan la libertad.

Lo más importante que debería poner en práctica una persona –*la esencia de todas las elevadas enseñanzas de los Vencedores*– son los tres senderos principales, también denominados, las Etapas del Sendero. Esta enseñanza sobre las *Etapas del sendero a la Budeidad* es la única que combina las elevadas enseñanzas de los Vencedores en una sencilla serie de Etapas que cualquiera puede practicar. Una combinación así no se encuentra en otra instrucción, pública o secreta, de ninguna de las tradiciones, sea la sakya, la geluk, o la nygma, ni en ningún otro linaje.[61] Lo constatamos en líneas como las escritas por Gungtang Jampelyang: "Toda la enseñanza elevada, literal o no, y que consiste..."[62] Este sentimiento también se expresa en una carta que el omnisciente Tsong Khapa envió a Lama Umapa:

He llegado a la experiencia de que solo esta infalible exposición de las Etapas de los Senderos, tanto de las tradiciones lógicas como de las secretas contenidas en el trabajo sobre las Etapas a la Budeidad que impartió aquel gran ser, el glorioso Dipamkara Jnyana, es poseedora de tales maravillas. Es por ello que las etapas que utilizo ahora mismo para guiar a mis discípulos las he tomado de aquí. Creo que esta enseñanza del Noble Atisha facilita el contenido completo, tanto de los comentarios formales como de las instrucciones privadas, de las palabras del Buda y de las posteriores explicaciones al respecto, pues las combina todas en una serie de Etapas a lo largo del Sendero. Creo pues que, si la gente aprende a enseñarlas y a estudiarlas, y por lo tanto se capacitan para impartirlas y ponerlas en práctica, (a pesar de la relativa brevedad del texto), habrán atravesado las enseñanzas completas del Buda y en el orden apropiado. Por esta razón, no veo la necesidad de usar un gran número de textos en mi trabajo de enseñante.[63]

Así pues, se puede afirmar que tan sólo en una sesión de enseñanza fundamentada en este texto sobre las *Etapas del sendero a la Budeidad*, el maestro ha enseñado y los discípulos han escuchado la esencia extraída de cada uno de los volúmenes de enseñanza budista existente en este planeta.

La totalidad de las instrucciones impartidas por los budas vencedores están incluidas en las tres cestas, [64] que a su vez se agrupan en las enseñanzas de las *Etapas del sendero a la Budeidad* para personas de diferentes motivaciones. Y estas mismas enseñanzas están incluidas todas ellas en cualquiera de los textos más sucintos de las Etapas del sendero. Tal y como lo describe el gentil protector, Tsongkhapa, "…Un breve esbozo que condensa todas las palabras del Buda".[65] El gran guía Drom Tompa dijo también:

> Su maravillosa palabra condensa los tres grupos, adornados sus consejos por las enseñanzas de las tres motivaciones; un rosario de oro y joyas de los Visionarios, lleno de significado para quienes lean sus cuentas.[66]

Es así como esta enseñanza de las *Etapas del sendero a la Budeidad* se muestra muy superior a cualquier otra del Buda que puedas elegir, puesto que posee lo que llamamos las "tres características distintivas" y las "cuatro grandezas".[67] Las cualidades especiales mencionadas antes no se encuentran en trabajos santos como la gloriosa *Colección Secreta*[68] ni en el comentario clásico conocido como *La Joya de las Realizaciones.* [69]

Quien desarrolla una comprensión correcta de estas Etapas del sendero llega a un nivel en que puede recorrer aquellos cobertizos de *tsatsa* alrededor de la ciudad, donde son lanzadas las viejas escrituras e imágenes, coger cualquiera de ellas y saber perfectamente dónde encaja en su práctica cotidiana. Cuando vas de aquí a allá, desde la enseñanza de las Etapas al montón de otras enseñanzas del Buda, las Etapas son como la llave mágica que puede abrir cien puertas diferentes. Yendo de aquí a allá, el contenido total del montón de enseñanzas del Buda se ha sintetizado en las Etapas.

A propósito, tener la capacidad que acabamos de describir es lo mismo que decir que alguien ha "obtenido una total comprensión de las enseñanzas". Por tanto, la expresión "maestro de todas las enseñanzas de Buda" no nos habla de quien ha juntado un poco de aquí un poco de allá de los sistemas antiguos y nuevos e intenta ponerlo en práctica. Este punto lo toca Tuken Dharma Vajra cuando dice: "Intenta mezclar todos los sistemas, el antiguo y el moderno, y terminarás fuera de los dos".[70]

Cuando decimos que toda la enseñanza del Buda se engloba en las Etapas del sendero, queremos dar a entender que cada uno de sus puntos vitales se ha expresado bajo una presentación resumida de los temas que forman los tres conjuntos de la escritura.

Acerca de la expresión "Etapas del Sendero", sucedió una vez que Jangchub O, el Lama real, le solicitó al Noble Atisha una instrucción que resultara de especial beneficio para preservar la enseñanza del Buda en el mundo.[71] Fue entonces que el Noble Atisha enseñó *La Lampara para el sendero a la Budeidad,* que empezó a ser conocida desde entonces como "las Etapas del Sendero" –y de ese modo la expresión empezó a extenderse–. Esta enseñanza, no obstante, de ningún modo es algo que se inventaran el Noble Atisha o Tsongkhapa; al contrario, es la amplia vía por la que ha viajado cada uno de los budas.

Tal y como dice el más corto de los *Sutras de la Perfección de la Sabiduría*:

> Es esta perfección y no otra cosa, el sendero compartido por todos los Vencedores, del pasado, del presente o del futuro.[72]

A propósito, éste es el origen último de la expresión "Etapas del Sendero".

Las enseñanzas sobre las Etapas del sendero son las mismas para todo el Tíbet. A pesar de que algunas personas no se interesan por estudiarlas porque creen que se trata de una instrucción particular de la tradición guelugpa; no es culpa de ellos, piensan así sólo debido a que no tienen suficiente mérito a causa de sus actos pasados.

Y esto no es todo, de hecho, es pisando este camino bien conocido por los budas que uno alcanza el mismo estado al que ellos han llegado. De otro modo, carece de sentido llegar a cualquier otro lugar pues sólo será un nivel extraño al que ningún buda u otro ser elevado del pasado habrá llegado. No es necesario que tú y yo temamos cometer dicho error pues tenemos como práctica las Etapas del sendero. Se lo debemos a la gran amabilidad de los Nobles Atisha y Tsongkhapa.

Los que desean llevar una práctica espiritual han de estudiar un sendero sin mácula como éste. No es correcto meterte a practicar lo primero que encuentres, como un perro descarriado que se traga todo lo que le ponen delante. Tal y como el gentil protector, Sakya Pandita, afirmó:

> Incluso en negocios insignificantes, adquirir un caballo, una gema u otra cosa, analizas: investigas, preguntas a todos y lo consideras.

> Vemos a gente preocuparse así incluso por los temas más insignificantes de esta vida.

> Conseguir el objetivo último de todas nuestras vidas incontables, depende del Dharma, sin embargo, apreciamos cual-

quier Dharma que se nos cruza, sin investigar si es bueno o malo y nos comportamos como perros con un bocado de comida.[73]

Es exactamente así, incluso con los temas menores de esta vida, como comprar o vender algo, eres muy cuidadoso: haces todo lo que está a tu alcance, vas de un lado a otro y preguntas a otras personas, pasas mucho tiempo pensando lo que debes hacer. Pero no importa lo grande que sea el error que puedas cometer en una de estas cuestiones, en absoluto perjudicará o beneficiará a tu vida futura. No obstante, si te topas con una enseñanza espiritual incorrecta, el error que cometes afecta el objetivo último de todas tus vidas.

Hablando en general, muchos nos vamos a lugares desiertos con la intención de emprender una práctica profunda, pero a menos que llevemos con nosotros una instrucción completa y totalmente correcta y que trabajemos para sumirnos en su esencia, la mayor parte de lo que hagamos no será mucho más que un esfuerzo desperdiciado. Tal y como el Noble Milarepa dijo en una ocasión:

> *El asunto*: si no meditas en los consejos transmitidos de un oído a otro oído; *El lugar*: puedes sentarte en la cueva de una montaña, pero sólo conseguirás torturarte.[74]

Los maestros traductores de antaño soportaron muchas dificultades viajando a la India para transportar hasta el Tíbet las auténticas enseñanzas de Dharma. Pero aquellos en el Tíbet que seguían un sendero equivocado no pudieron estar a la altura. Después de todo, el agua verdaderamente buena ha de proceder de la nieve pura. Del mismo modo, el origen de cualquier Dharma que escojas practicar debe tener un origen infalible: el Noble de la Palabra, el Maestro, el Buda.

Te puedes esforzar mil años en la práctica de una enseñanza cuyo origen no es auténtico y no obtendrás ni un ápice de comprensión experiencial verdadera. Será como batir agua para hacer mantequilla. Por lo tanto, podemos afirmar que la enseñanza que decidamos practicar ha de tener tres características específicas:

1. Debe haber sido mostrada por el Buda

2. Debe haber sido desposeída de cualquier error: los sabios deben haber moldeado la enseñanza hasta darle su auténtica forma final, examinándola para determinar si se ha colado en ella alguna idea errónea después de que el Buda la hubo enseñado.

3. Debe haber provocado comprensiones experienciales verdaderas en los corazones de los maestros practicantes, una vez la han escuchado, considerado y meditado. Y debe haber pasado hasta nosotros en un linaje ininterrumpido a través de varias generaciones.

Si el Dharma que elegimos practicar tiene estas tres características, es auténtico. Quizá por nuestra parte, no estemos siempre a la altura por culpa de deslices en el esfuerzo y práctica diarias, pero nunca debemos temer que la enseñanza nos defraude.

Esta enseñanza legítima consiste precisamente en las Etapas del sendero. Es sublime, es la crema de todo lo que el Buda enseñó, es el conjunto precioso de enseñanzas sobre la perfección de la sabiduría. El material presentado por estas enseñanzas consiste en "las instrucciones sobre lo profundo", la vacuidad, incluidas en las Etapas llamadas "las etapas profundas". Los sutras de la sabiduría también presentan lo que se conoce como instrucciones "vastas": las dirigidas a ayudar a todos los seres conscientes. Estos temas se encuentran en las "etapas vastas". Por esto sólo esta enseñanza sobre las Etapas del sendero es completa y libre de error, y los que buscan una enseñanza de Dharma que merezca ser practicada, definitivamente deben empezar con las Etapas.

Vemos a mucha gente que, movida por una lealtad equívoca hacia su tradición familiar, se aferran empecinados a cualquier creencia proveniente de sus padres. Siguen el Bon o cualquier otro falso camino que al final les defrauda. Todo el propósito de su vida presente, y también el de sus vidas futuras, se los lleva el viento.

El gran sabio realizado, Kyungpo Neljor, también fue un seguidor del bon[75] al principio. Posteriormente, se dio cuenta de que el bon se apoyaba en fundamentos erróneos y decidió entrar en las tradiciones secretas de antaño, pero también se dio cuenta de que fallaban y se fue a la India. Allí estudió en las tradiciones secretas posteriores y condujo su práctica hasta el fin deseado y obtuvo los grandes logros espirituales. Hubo otros, como el gran Lama Sakya Kun-nying, por ejemplo, que pasó por lo mismo.[76]

Ahora ya podemos ubicar el primer verso en su justa perspectiva. El Noble Tsongkhapa dice *explicaré de la mejor manera posible* la enseñanza sobre los tres senderos principales. Es el *camino que recomiendan los sagrados Hijos de los Vencedores* con su alabanza, el sendero por el que viajan. Carece de faltas. No conduce por una falsa senda. Es la más alta de todas las puertas de entrada: es *la puerta* que cruzan aquellos seres *afortunados que buscan la libertad.*

En el verso, el Noble Tsongkhapa les da a las palabras "de la mejor manera posible", una expresión de modestia. Abundando en su contenido nos dice "Trataré de explicar de la mejor manera posible en tan pocas palabras, algo cargado de un significado grandioso".

Hay otra manera de glosar el verso, según la cual, en la primera línea de la explicación, la que dice *todas las elevadas enseñanzas de los Vencedores*, se hace referencia a la renuncia. *Entonando los Nombres* dice así:

La renuncia de los tres vehículos yace, al final, en un vehículo único.[77]

El hecho es que, el Buda, en algunas de sus enseñanzas interpretativas, las que no deben ser tomadas literalmente, señala que hay tres diferentes vehículos o senderos. Sin embargo, la realidad es que desde el punto de vista del objetivo último adonde nos dirigen, estos tres son uno sólo. De modo parecido, todas las elevadas enseñanzas de los Vencedores fueron enunciadas como un medio para producir la "renuncia" última –el conocimiento del Buda– en las mentes de los discípulos. Y es la renuncia lo que, al principio, les empuja a desarrollar aversión hacia el ciclo de la vida y dispone a la mente para el objetivo de la libertad. Esta es la razón de que la actitud de la renuncia se enseñe en primer lugar, en la primera línea.

La segunda línea de explicación –la que incluye las palabras "sus sagrados hijos"– se refiere al deseo de obtener la Iluminación en beneficio de todo ser vivo. Esta es la actitud que los Vencedores y sus hijos adoptan como meditación principal y cuyas alabanzas cantan. Es como la gran viga maestra que sostiene toda la estructura del sendero mayor.

La tercera línea de explicación –cuyas palabras son "los afortunados que buscan la libertad"– se refiere a la visión correcta. Esta percepción es la única puerta de entrada para los discípulos buscadores de la libertad. Para obtener la libertad verdadera tienes que acabar con la ignorancia –la raíz de esta vida o existencia cíclica–. Y para cortar con la ignorancia tienes que cultivar la sabiduría que comprende la ausencia de una entidad autoexistente, esencial. Y para cultivar esta sabiduría necesitas una visión correcta, libre de cualquier error.

La visión correcta es la única puerta para acceder al Nirvana, a la paz. Por ello, en las palabras de clausura de los versos, Tsongkhapa se compromete a componer un trabajo sobre los tres senderos principales –en los cuales se incluye la visión correcta–. Hace su promesa tal como recomienda el Maestro Dandin:[78] resume todos los temas que tratará en el trabajo, que es como decir que incluye en la promesa *la esencia* de los senderos que explica. En este sentido, concluyó nuestro Lama, el Noble Tsongkhapa ya nos había enseñado brevemente en el primer verso todos los senderos.

VI

Aliento para estudiar

H EMOS LLEGADO AL TERCER y último de los preliminares que nos guían hasta la composición del texto: alentar enérgicamente al lector para que haga un buen estudio del trabajo. Se encuentra en el siguiente verso del texto raíz.

(2)

Escuchad con una mente pura, afortunados que no ansiáis los placeres de la vida, y que para hacer significativos el ocio y los dones os esforzáis en conducir vuestra mente por el sendero que complace a los Vencedores

El gran Tsongkhapa anima a sus lectores a estudiar el trabajo: "vosotros, gentes *que* buscáis la libertad y *no ansiáis* ni por un momento *los placeres de la vida*; vosotros, que queréis extraer el máximo provecho del cuerpo que tenéis y *hacer significativos el ocio y los dones*; ahora vais a tener que adiestraros en un sendero que nunca falla; un sendero que no extravía, un sendero pletórico y completo, el *sendero que complace* incluso a *los Vencedores*. En definitiva, aconsejan un sendero que no nos engañe, que no nos pierda, que sea algo más que sólo un mero trozo de sendero. Si quieres adiestrarte en un sendero así, tendrás que convertirte en un estudiante con todos los requisitos y encajar en la descripción de los *400 versos*:

Llamamos recipiente adecuado para estudiar a alguien que es imparcial, inteligente y desea esforzarse.[79]

Y los *afortunados* como vosotros, discípulos que habéis *conducido vuestra mente* al Dharma, *escuchad con una mente pura*. En el estudio evitad todo lo que va en contra del éxito, los tres inconvenientes del recipiente, y apoyaros en aquellas cosas que conducen al éxito, "las seis imágenes para la instrucción."[80]

Según otra manera de interpretar el verso deberíamos entender como renuncia la línea relativa a aquellos "que no ansiáis los placeres de la vida" –el primero de los tres senderos principales–. La siguiente línea, hacer "significativos el ocio y los dones" se aplica al deseo de alcanzar la Iluminación para todos los seres vivos porque cualquiera que haya adiestrado su mente en esta actitud obtiene, ciertamente, lo máximo de su vida dotada con ocio y dones. Y la línea final, la del "sendero que complace a los Vencedores" está relacionada con la visión correcta ya que, como el texto raíz señalará posteriormente:

> Una persona ha entrado en el sendero que complace a los budas, cuando en todos los objetos, del ciclo o más allá, ve que la causa y el efecto nunca fallan, y cuando éstos pierden toda su sólida apariencia.

Así termina la presentación de los preliminares habituales: el ofrecimiento de alabanza, la promesa para componer el trabajo y alentar al lector a estudiarlo con interés. Podemos relacionar lo que se ha explicado hasta el momento con otras secciones de apertura de trabajos como la presentación extensa y media de las Etapas a la Budeidad. La línea que dice: "Me postro ante todos los santos y elevados Lamas" se corresponde con la primera sección de estos trabajos, "demostrar la eminencia del autor para probar que la enseñanza proviene de una fuente auténtica". Las líneas "De la mejor manera..." hasta "...buscan la libertad" corresponden a la segunda sección, "la eminencia de la enseñanza". El verso que va desde "escuchad con una mente pura..." hasta "...sendero que complace a los Vencedores" nos sitúa en la tercera sección, "cómo estudiar y enseñar" las Etapas. La última gran sección de estos preliminares es "la enseñanza por medio de la cual los estudiantes son conducidos a través de las Etapas" hasta la Budeidad. Esta parte se encuentra en lo que denominamos "el cuerpo principal del texto", en los versos del Noble Tsongkhapa sobre los tres senderos principales. Ahora nos trasladamos al primero de estos versos[81].

PRIMER SENDERO:

RENUNCIA

VII

Por qué es necesaria la renuncia

Nuestro enfoque del cuerpo principal del texto se divide en cuatro partes: una explicación de la renuncia, una explicación del deseo de alcanzar la Iluminación para cada ser vivo, una explicación de la visión correcta, y unas intensas palabras de aliento –que el lector intente reconocer la veracidad de estas instrucciones y las ponga en práctica–. La explicación de la renuncia tiene tres secciones: razones por las que uno debe intentar desarrollarla, cómo desarrollarla y el punto a partir del cual uno puede estar seguro de haber tenido éxito. La primera de estas secciones la encontramos en el siguiente verso del trabajo del Noble Tsongkhapa:

(3)

Sin renuncia pura, no habrá manera de acabar con este empeño por los estados placenteros en el océano de la vida. También debido a su vida de anhelos, están los seres encadenados. Busca, pues, la renuncia en primer lugar.

Cualquiera de nosotros que quiera escapar del ciclo de la vida, tiene primero que desear hacerlo. Si nunca cultivamos el deseo de escapar y seguimos apegados a las cosas buenas de este círculo vital, será imposible conseguirlo.

Un prisionero puede permanecer en su cárcel; pero si no lo intenta siquiera, jamás saldrá. A nosotros nos ocurre lo mismo –si nunca intentamos encontrar un medio para evadirnos de esta rueda de la vida, el día de nuestra huida nunca llegará–. Si nos esforzamos en desarrollar el deseo de escapar, con toda seguridad un día lo conseguiremos.

Lo primero que nos hace falta saber es de qué manera transitamos por este círculo vital. La "vida cíclica" se define como tomar repetidamente los grupos o agregados impuros de cosas que forman a un ser sufridor normal –su corriente ininterrumpida que va de una vida a otra.[82]– ¿Qué nos encadena a este ciclo? Los propios actos y malos pensamientos. Y ¿a qué estamos encadenados exactamente? A aquellas partes impuras de nuestro ser.

Para liberarnos de esta rueda de la vida debemos reconocer que todo en ella es, por naturaleza, puro sufrimiento. Comprenderlo producirá un sentimiento de aversión, de hastío y esto llevará más tarde a la renuncia. Así, lo que el verso dice es: "*Sin renuncia pura no habrá manera de acabar con* este deseo, *este empeño por* conseguir todo tipo de *estados placenteros* que se puedan obtener aquí *en la vida. También* es, precisamente, *debido a su vida de anhelos,* sus sentimientos de apego y ansia por las cosas agradables de esta vida (aquí "anhelos" es otro término para lo que llamamos normalmente "deseo") que todos *los seres están encadenados.* Y si todos están encadenados ¿crees que tú no lo estás? Por supuesto que sí. Si deseas poder escapar algún día de este ciclo, *busca pues,* la actitud pura de la *renuncia en primer lugar.*"

Por cierto, este verso incorpora lo que los trabajos sobre las Etapas a la Budeidad describen como las "instrucciones para los seres de motivación inicial y media". A nuestro alrededor vemos personas cuya idea es que para llegar a la Iluminación sólo hace falta practicar el deseo de alcanzar la Budeidad para todos los seres conscientes –que no es necesario desarrollar la renuncia–. Sin embargo, la verdad es que, incluso para alcanzar tan sólo el nirvana inferior[83], la renuncia es absolutamente imprescindible; de hecho, tiene que ser una fuerte renuncia. Tal y como nuestro Protector, el gran Tsongkhapa, dijo:

> Respecto a esta actitud –así es como lo describió Sharawa–. Supón que no es más estable en tu corazón que la fina capa de harina de cebada espolvoreada sobre la superficie de la cerveza. Tu deseo de evitar la causa del ciclo de la vida –lo que llamamos el "origen"– tampoco será más fuerte que eso. En consecuencia, tus aspiraciones de alcanzar el nirvana, para eliminar el sufrimiento y su origen, serán exactamente lo

mismo. Y finalmente tu deseo de practicar el sendero que produce ese nirvana no será más que hablar por hablar. Con la compasión será igual, el estado mental que no soporta ver a otros seres conscientes vagar por el ciclo: imposible que la obtengas. Y, por último, nunca darás con la forma genuina del incomparable deseo de alcanzar la Iluminación para todos los seres conscientes, un deseo poderoso que te impulse a proseguir. Y así, el "sendero mayor" no será para tí más que una débil comprensión de las descripciones que se hallan en los libros.[84]

La cuestión aquí es que, para desarrollar el deseo de alcanzar la Iluminación en beneficio de todos los seres conscientes, en primer lugar, debes tener un tipo de compasión que no puede soportar seguir viendo a los seres atormentados por los sufrimientos de la vida. Para conseguirlo debes despertar renuncia con respecto a tu propia situación. No existe otra manera de cultivar la compasión. Esto es, concluyó nuestro Lama, lo que el Noble Atisha quería dar a entender con su gentil reprimenda hacia nosotros, los tibetanos: "Sólo en el Tíbet he encontrado gente que pretende alcanzar la Iluminación cuando aún carece de amor y compasión."[85]

VIII

Eliminar el deseo hacia esta vida

ESTO NOS LLEVA A la segunda sección de nuestra explicación de la renuncia; es decir, la descripción de cómo desarrollarla. En primer lugar, hablaremos sobre cómo eliminar el deseo hacia la vida presente y luego cómo exterminarlo en relación con las vidas futuras. Eliminar el deseo hacia esta vida es el tema de las siguientes dos líneas del texto raíz:

(4a)

Ocio y fortuna son difíciles de encontrar, la vida no es larga. Piensa en ello constantemente, interrumpe el deseo hacia esta vida.

Lo que queremos dar a entender con *deseo hacia esta vida* es el deseo de encontrar felicidad y fama en esta vida, y pensar así: "Ojalá pudiera tener *más* de todo lo bueno de esta vida, *más* que cualquier otro en el mundo —la mejor comida, las más finas ropas, el nombre más famoso y todo lo demás"–. Quien espera hacer un poco de práctica espiritual debe eliminar su deseo o apego hacia esta vida.

¿Cómo acabar con él? Debes contemplar las dos Etapas conocidas como (1) el "gran valor de esta vida de ocio y fortuna y la dificultad de encontrarla", así como (2) nuestra "impermanencia, el hecho de que debemos morir". Estos pensamientos interceptarán tu deseo hacia esta vida —mentalmente, la abandonarás–. El hecho de que ahora tú y yo no hagamos ninguna práctica espiritual –y lo que es peor, el hecho de que, aunque lo intentamos, hacemos cualquier cosa menos una práctica espiritual– se debe a nuestro deseo hacia esta vida. El texto de adiestramiento mental *Libre de los Cuatro Amores* lo describe así:

No es un practicante, la persona que se apega a esta vida. No hay renuncia, en una mente que se apega a este ciclo.[86]

La frontera que separa la práctica espiritual de lo que no lo es, y la frontera que separa la verdadera práctica espiritual de lo que no lo es, es la actitud de haber abandonado esta vida. La práctica y el mundo pueden coincidir, si se trata tan solo de recitar unas líneas, pero es del todo imposible que la práctica con la actitud de haber abandonado esta vida se encuentre con el mundo en el sentido de participar felizmente en él. No existe un modo de mantener el mundo y seguir manteniendo tu práctica.

Esto es lo que el precioso preceptor Drom Tompa tenía en mente cuando le dijo a cierto monje: "Me llena el corazón de alegría verte caminar alrededor de este lugar santo para rendir respeto, pero ¡Cuán feliz sería si hicieras algo espiritual!" Siguió diciendo lo mismo sobre hacer postraciones, recitar oraciones, meditar y todo lo demás. De manera que, finalmente, el monje no supo decidir lo que debía ser la práctica espiritual e inquirió a Drom Tompa. "Bien, entonces ¿Cómo se supone que debo practicar?" Y la única respuesta que recibió, tres veces seguidas y en voz alta, [87] fue: "¡Abandona esta vida!".

Hubo una vez en que el gueshe visionario de nombre Shang Nachung Tonpa dijo esto:

> Voy al Noble Atisha y le pido enseñanzas, pero lo único que me dice son frases cortas como "abandona esta vida", "practica el amor", "practica la compasión" o "practica el deseo de obtener la Iluminación para beneficio de todos los seres".

El Noble Drom Tonpa oyó esa queja y señaló: "es sorprendente; le acaban de dar la esencia absoluta de toda la instrucción del Noble Atisha y, sin embargo, incluso alguien tan ilustre como Shang no comprende lo que es recibir una enseñanza". Con el paso del tiempo, también Shang solía decirles a sus estudiantes: "si deseas practicar la vida espiritual, lo más importante es abandonar esta vida".[88]

Hablando en un sentido amplio, podemos empezar con lo que se conoce como los "ocho pensamientos mundanos". Los cuales, se pueden reducir a tres intereses primordiales de esta vida: comer, vestir y tener un buen nombre. Estos tres son los que tienes que abandonar.

A propósito, el peor de ellos es el Buen Nombre. Podemos asegurar que los sabios, los hombres santos y los grandes meditadores del pasado –incluso podemos afirmar que la mayoría de ellos– han logrado vivir sin mucha comida, subsistiendo gracias a una de aquellas prácticas místicas en las que el único alimento son unas píldoras diminutas o la esencia de una flor. También han sido capaces de vivir sin mucha ropa: sentados en profundo retiro, vistiendo harapos y cubiertos de suciedad –pegadas sus espaldas a la pared de una cueva, cuya única entrada han sellado–. Pero en lo profundo de sus corazones aún ansían la fama –el Buen nombre– y sueñan con que los lugareños del exterior hablen de cuán santos maestros meditadores son. Ha habido muchos, muchos sabios, eruditos y monjes que han sido puros en su vida ética, pero se han confundido así. Tal como ha dicho el Gran Droway Gonpo:

Entran en reclusión, colocan una señal en su puerta, no ven a un alma. Estos expertos contempladores aún esperan que en esta vida les llamen "Gran Meditador."[89]

Y también:

Y de esa manera llenan sus mentes de esperanzas y planes, pensamientos que están presentes en todo lo que hacen, y así su práctica espiritual se echa a perder, capturada por bandidos locales. Coge una lanza y azota cada pensamiento que venga sobre esta vida. Recuerda, si esta única lanza no da en el blanco, que seas un sabio, un santo, erudito y un meditador, no te sirve para cerrar la puerta a los tres reinos inferiores.

El gran Ngaripa también ha dicho:

Toda la práctica espiritual que has hecho se ha convertido en ambición por querer ser eminente en esta vida. Esto despué se convierte en lo que denominamos el "origen" –la causa para seguir en el ciclo–, aumentan tus sentimientos de orgullo y envidia, el desagrado por algunas cosas y el ansia por otras. Lo que pensabas que era una práctica espiritual, de hecho, te lleva a los tres reinos inferiores. No hay diferencia en haber llegado allí por culpa de cometer malos actos.[90]

Por lo tanto, si queremos hacer alguna práctica espiritual debemos domar los ocho pensamientos mundanos –permanecer neutros, libres de los dos grupos de cuatro parejos–. "Los ocho pensamientos mundanos", es el nombre que damos a las ocho emociones siguientes:

1. Ser feliz cuando consigues algo,

2. Y desgraciado cuando no lo consigues.

3. Ser feliz cuando te sientes bien,

4. Y desgraciado cuando te sientes mal.

5. Ser feliz cuando te haces famoso,

6. Y desgraciado cuando no lo eres.

7. Ser feliz cuando alguien habla bien de ti,

8. Y desgraciado cuando alguien habla mal de ti.

Tal y como señala la *Carta a un Amigo*:

¡Oh sabio mundano! Obtener o no, estar bien o no, ser famoso o no, que hablen bien o mal; Estos son los ocho pensamientos mundanos. Apacígualos, no permitas que entren en tu mente.[91]

El gran santo Lingrepa también ha dicho:

En la ciudad de los intereses diarios de nuestra rueda de la vida, corren los cadáveres resucitados de los ocho pensamientos mundanos.

Es aquí donde encontraréis el cementerio más aterrador de todos. Es aquí donde vosotros, Lamas, deberíais mantener vuestra vigilia de medianoche entre los muertos[92].

No importa quien seas –gran sabio o santo, maestro o meditador– y no importa cuán profunda sea la práctica que imaginas estás haciendo, si está mezclada con los ocho pensamientos mundanos, es una farsa hueca. Encontramos esta verdad en las palabras de Yang Gonpa, un discípulo del victorioso Gu-tsangpa:

> No sirve de mucho que la enseñanza sea la "Gran Consumación" santa y secreta. La persona misma es la que tiene que convertirse en santa y secreta, grande y completa. Vemos un montón de casos donde la persona describe su práctica espiritual como si fuera a comprar una manada de caballos –pero la persona en sí no vale ni lo que vale un perro–. La religión que sólo consiste en palabras y nunca se aplica a la práctica diaria es como la conversación de un loro al que le han enseñado a graznar. Kilómetros separan a la persona de su práctica. Su mente y su religión nunca se mezclan del todo; hay grumos de harina que nunca se disuelven en la masa. Parlotear sobre la práctica espiritual, sin dejar que se integre, dejándola flotar en la superficie, como la verdura que no se deshace en la sopa, es perder de vista el punto crucial de la práctica espiritual. Os digo a todos, lo que yo enseño como práctica crucial es abandonar esta vida.[93]

Por lo tanto, si una persona fracasa en su intento por liberarse de los ocho pensamientos mundanos hacia esta vida, tendrá dificultades incluso para cerrar las puertas a un nacimiento en el reino de la miseria, y de ningún modo podrá llevar una práctica espiritual. Para ello, debe adoptar la instrucción denominada las "Diez Riquezas Ultimas" –una enseñanza de los maestros denominados Visionarios de la Palabra dirigida a calmar los ocho pensamientos mundanos y abandonar esta vida–. Estas diez riquezas últimas son las siguientes: [94]

- Los cuatro propósitos
- Los tres diamantes
- Los tres: "de ser expulsado, y de alcanzar y de conseguir.

Los "cuatro propósitos" son:

- Dirige tu mente finalmente hacia la práctica.
- Dirige tu práctica finalmente al mendigo.
- Dirige el mendigo finalmente a la muerte.
- Dirige la muerte finalmente hacia una polvorienta quebrada.

Y los "tres diamantes" son:

- Pon delante de ti el diamante inalcanzable.
- Pon detrás de ti el diamante inmutable.
- Pon a tu lado el diamante de la sabiduría.

Por último, los tres que consisten en "Ser expulsado, alcanzar y conseguir" son:

- Ser expulsado del rango de los hombres.
- Alcanzar el rango de los perros.
- Conseguir el rango de los dioses.

Dirige tu mente finalmente hacia la práctica, significa practicar el Dharma pensando como sigue: "En esta ocasión he logrado un cuerpo humano, así como ventajosas circunstancias muy difíciles de encontrar, increíblemente valiosas y que incluyen el ocio y dones necesarios. Es la única vez que tendré una vida como esta. Pero no voy a permanecer aquí mucho tiempo ya que es totalmente seguro que falleceré. No tengo manera de saber cuándo me vendrá la muerte. Y cuando muera, sólo esta práctica santa me resultará de beneficio. Todos los objetos y honores que he acumulado en esta vida, la fama obtenida, el dinero y las posesiones de que pueda gozar, no me proporcionarán la menor ayuda".

Dirige tu práctica finalmente al mendigo. Es esto: Supón que piensas, "bien, si ahora no me esfuerzo por conseguir lo que me ayuda a vivir bien en esta vida para poder hacer mi práctica espiritual, siento que no volveré a encontrar los mínimos necesarios para seguir la práctica: me convertiré en un pordiosero". Entonces determínate del siguiente modo: "Voy a aceptar cualquier dificultad para beneficiar mi práctica, y si esto implica tener que convertirme en solo un pordiosero, que así sea. Encontraré una manera de hacer mi práctica, aunque tenga que vivir de los miserables restos de comida que mendigue y vista los harapos que me den."

Dirige el mendigo finalmente a la muerte. Significa nunca abandonar la práctica. Supón que piensas: "Entonces, si me implico en una práctica y me convierto en un pordiosero, como no habré tenido tiempo de reunir ni el menor objeto material, me faltará incluso lo que ayuda a preservar esta vida humana. Tengo miedo de morir un día por no tener suficiente comida o ropa". En vez de pensar de ese modo, determínate así: "A lo largo de mis vidas previas nunca he abandonado mi vida en beneficio de mi práctica. Si ahora muero por intentar practicar, no importa. En cualquier caso, ricos o pobres, todos somos iguales, todos vamos a morir. Los ricos, para llegar a serlo, han acumulado muchos actos negativos y morirán con ellos. Por el contrario, si yo muero a causa de las dificultades derivadas de intentar practicar, obtendré un gran significado. Por lo tanto, si por mi práctica muero congelado, dejad que me congele; si he de morir de hambre, dejad que muera."

Dirige la muerte finalmente hacia una polvorienta quebrada. Supón que piensas: "Pero, hay ciertas cosas que necesito, ahora y hasta que me muera. Si no tengo dinero ¿Cómo voy a encontrar quien me ayude cuando esté enfermo? ¿Quién me asistirá cuando sea viejo? ¿Quién estará presente en mi lecho de muerte? ¿Quién se ocupará de todo cuando yo muera? ¿Quién se llevará mi cuerpo?" Estos pensamientos caen en la categoría del apego hacia las cosas buenas de esta vida. No hay modo de asegurar que vivirás lo suficiente para llegar a viejo. Es mejor irse de retiro a una montaña solitaria, abandonar el apego y pensar: "Ahora voy a practicar y no me importa morir como un perro descarriado en una polvorienta quebrada, sin nadie que se ocupe de mí cuando los gusanos se arrastran sobre mi cadáver."

Pon delante de ti el diamante inalcanzable. Tiene el siguiente significado: Quizá abandones las cosas de esta vida, tal y como se ha descrito, y empieces a practicar. Pero será entonces cuando, tus padres, familiares y amigos intentarán atraparte y hacerte volver al redil. Hazte inalcanzable; mantén tu mente firme e inmutable como un diamante, aunque tengas que dejar a tu amada familia y amigos, aquellos que están tan cerca de ti como lo está el corazón del pecho, de pie con los ojos llorosos de dolor. Marcha, vete a alguna ermita en una montaña solitaria, sin pesar, sin apego. Quédate allí y conságrate a la práctica más pura.

Pon detrás de ti el diamante inmutable. Es así: Supón que realmente abandonas esta vida y te marchas. La gente te despreciará, te condenará y dirá cosas como: "Ahora no es nada más que un inútil, un vagabundo errante". No importa lo que digan, debes pasarlo por alto y pensar: "Si dicen que soy tan puro como un dios, está bien. Si dicen que soy maligno como un demonio, también. No me importa. Tratar de mantener una buena imagen entre los amigos que están consagrados a esta vida conlleva una gran cantidad de problemas y es un gran obstáculo para la práctica espiritual."

Pon a tu lado el diamante de la sabiduría. Significa nunca transgredir el compromiso que has tomado. Abandona, y para siempre, todas las acciones insignificantes que haces movido por el deseo hacia esta vida. Mantén tu mente anclada en lo espiritual con firmeza y haz que tu vida y tu práctica sean una sola cosa.

Ser expulsado del rango de los hombres. Es así: Ahora empezarás a comprender que anhelar las cosas buenas de esta vida es tu enemigo real. Tu postura empezará a chocar con la de los demás hombres, elevados o humildes, que en general se esfuerzan por obtener la felicidad de esta vida. Para ellos actúas como un loco y, por tanto, serás expulsado del rango de los hombres —los hombres que viven para esta vida—.

Alcanzar el rango de los perros. Significa que vives sin grandes comidas, vestidos o reputación. En beneficio de tu práctica soporta todo lo que viene, sea hambre, sed o cansancio.

Conseguir el rango de los dioses. Esto empieza cuando te diriges a algún lugar aislado y abandonas las actividades mundanas normales. Orienta tu práctica hacia el resultado deseado y obtén en esta misma vida el estado de un Buda –dios de dioses–.

Por cierto, no temas jamás que por abandonar las cosas y practicar de la manera descrita te vayas a convertir en un pobre mendigo y te mueras de hambre. Es posible que una persona mundana llegue a morir de hambre, pero es absolutamente imposible que éste sea el caso de un practicante de Dharma. Es así porque cuando nuestro Maestro compasivo alcanzó el estado de la Iluminación total, aún tenía mérito suficiente por sus actos pasados para poder tomar sesenta mil nacimientos como "Emperador de la Rueda" –uno de aquellos seres tan increíblemente poderosos que gobiernan el mundo entero–. En vez de ello, tomó el extraordinario poder de estos actos y lo dedicó para que a sus futuros seguidores nunca les faltara la comida u otras necesidades. En el *Loto Blanco, el Sutra de la Compasión,* se relata el compromiso que tomó el Buda consigo mismo, de alcanzar la Iluminación para beneficiar a todos los seres:

> Y en los días en que mis enseñanzas se extiendan por el mundo, cualquier hombre que vista, aunque sea cuatro milímetros del hábito azafrán encontrará comida y bebida según sus deseos. Si no es así, habré traicionado el estado de la Budeidad. Que entonces pierda mi Budeidad[95].

El Buda también dice:

> En días futuros, en el mundo habrá una época de hambre en la que los hombres deberán pagar una caja de perlas a cambio de una caja de harina. Ni siquiera en esos días un seguidor del Maestro carecerá de lo necesario para vivir.[96]

Finalmente, el Noble Buda señala:

Los padres de familia, todos y cada uno de ellos, tendrán que labrar su cosecha sobre la uña de un dedo pero a aquellos que han abandonado su hogar por mí nunca les faltará lo necesario.

Estas citas son extraídas de la colección de sutras y similares. Es la palabra de un ser que no puede mentir y cuyas palabras nunca fallan.

Cuando decimos "abandonar esta vida", lo que esto significa es que debemos suprimir los ocho pensamientos mundanos o apegos hacia los placeres de esta vida. Pero esto no quiere decir, necesariamente, que debas desprenderte de tus posesiones materiales y ser un pordiosero. Maestros Santos del pasado nos dan ejemplos de personas que consiguieron abandonar esta vida y se incluían personajes cuya riqueza material era fantástica, como Gyalchok Kelsang Gyatso y el Panchen Lobsang Yeshe.[97]

También nuestro propio Maestro, el compasivo Buda, podía haber poseído el reino de un Emperador del Mundo, pero lo abandonó y dejó la vida del hogar. El príncipe Shantideva y el Gran Noble, el glorioso Atisha, abandonaron también sus tronos y su hogar[98]. El supremo Noble Tsongkhapa, basándose en instrucciones de Voz Gentil, dejó a casi mil estudiantes eruditos con lágrimas en los ojos y todo lo que tenía, para aislarse con tan sólo un pequeño grupo de discípulos elegidos: conocidos como "los Ocho más Puros". En aquellos días incluso el Emperador de la China envió una carta con su sello dorado, transportada por un *tashin* y otros oficiales de alto rango, en la que invitaba al Noble Tsongkhapa a ir a la corte imperial, sin embargo, no pudieron convencerle[99].

Estos elevados seres vivían solo de su propio ascetismo y de la comida que les pudieran ofrecer. Pasaban los días esforzándose en perfeccionar su práctica, y para esta actividad llevaban una forma de vida fundamentada en el verdadero sentido de las Diez Riquezas últimas –la enseñanza del Noble Atisha y los Visionarios de la Palabra–.

Muchas son los santos cantos de experiencia de aquellos que han abandonado esta vida. El gran victorioso Wensapa, que había alcanzado la Budeidad en su vida humana, con su cuerpo de hombre, dijo lo siguiente:

> Milarepa, de los días ya pasados, y Lobsang Dundrup, de nuestros tiempos no tenían necesidad de poseer ni una sola cosa, aparte de la comida del día y las ropas que llevaban. Aprovecha al máximo tu ocio y dones: libre del agrado y del desagrado, vive bien tu vida, sigue este camino, llega a la Iluminación en esta misma vida[100].

El gran Maestro de todos los maestros meditadores, Milarepa, ha dicho también:

> Hijo, si deseas mantener la práctica santa en lo más profundo de tu corazón, encuentra primero esto: la fe.
>
> Si en verdad me sigues, nunca te vuelvas para mirar esta vida. Los que amas se convierten en demonios, son un obstáculo. No les hagas caso, corta todos los lazos.
>
> La comida y el dinero son la avanzadilla de los demonios; peor cuanto más cerca; deja de desearlos.
>
> Los objetos de los sentidos son el cepo de los demonios; "¡Me atraparán!". Deja tu ansia por ellos.
>
> Tu joven amor es la hija de los demonios: "¡Ella me confundirá!". Estate alerta.
>
> El lugar en el que creciste es la prisión del demonio: Es duro librarse de él, aléjate deprisa.
>
> Tendrás que marcharte –más tarde– y dejarlo todo. ¿Por qué no le das un sentido y –ahora mismo– lo dejas todo?
>
> De cualquier modo, este maniquí que aparece, caerá uno de estos días, mejor usa este cuerpo ahora, empieza bien.
>
> Esta mente, pájaro terco, se escapará volando del cadáver. Mejor deja que levante el vuelo ahora hacia la inmensidad de un cielo sin límites.

Si escuchas y actúas en base a las palabras de este hombre, –las mías–. Así el don de mantener la práctica santa, hijo mío –será tuyo–.[101]

Y dijo también:

De ningún modo mis amados sabrán que estoy contento, de ningún modo mis enemigos sabrán que estoy triste; si puedo morir aquí, en esta cueva, mis deseos de eremita se habrán cumplido.

De ningún modo mis amigos sabrán que he envejecido, de ningún modo mi hermana sabrá que estoy enfermo; si puedo morir aquí, en esta cueva, mis deseos de eremita se habrán cumplido.

De ningún modo la gente sabrá que he muerto, no habrá cadáver corrupto al que acechen los buitres; si puedo morir aquí, en esta cueva, mis deseos de eremita se habrán cumplido.

Las moscas sorberán mi carne y mis huesos los gusanos comerán los tendones y ligamentos; si puedo morir aquí en esta cueva, mis deseos de eremita se habrán cumplido.

Ninguna pisada conducirá a mi puerta, ni manchas de sangre en el suelo; si puedo morir aquí, en esta cueva, mis deseos de eremita se habrán cumplido.

Nadie velará mi lecho mortuorio, nadie llorará cuando me haya ido; si puedo morir aquí, en esta cueva mis deseos de eremita se habrán cumplido.

Nadie se preguntará dónde fui, nadie sabrá dónde estoy; si puedo morir aquí, en esta cueva, mis deseos de eremita se habrán cumplido.

Que este réquiem de un mendigo, desde una cueva en una montaña salvaje, pueda ayudar a todos los seres conscientes; y mis deseos se habrán cumplido[102].

Existe una instrucción que contiene la esencia de todas las enseñanzas relativas a cómo desprenderse de los ocho pensamientos hacia esta vida. Es la meditación sobre la propia transitoriedad y la muerte. Las personas como nosotros debemos prepararnos para esta meditación contemplando cuán valiosa y difícil de encontrar es esta vida presente de ocio y fortuna. Entonces, gradualmente, nos iremos preparando para ser conscientes de la muerte. El que todo lo conoce, el Noble Tsongkhapa ha dicho:

> Este cuerpo de ocio es más valioso que una joya, capaz de conceder cualquier deseo. Y haberlo encontrado ahora es una ocasión única.
>
> Es difícil de hallar y muere fácilmente, como un relámpago en el cielo.
>
> Piensa en ello detenidamente, hasta comprender que cualquier acto del mundo es como la cáscara del grano, y así debes dedicar día y noche a extraer el máximo provecho de tu vida.
>
> Yo, el maestro meditador, lo he puesto en práctica. Tú, que buscas la libertad, debes conducirte de igual manera.[103]

Aquí, la idea es que, para deshacerte de los ocho pensamientos mundanos y llevar a cabo una práctica espiritual verdaderamente pura, debes lograr dos experiencias espirituales diferentes: en primer lugar, darte cuenta de lo valioso y difícil que es encontrar esta vida de ocio y fortuna; en segundo lugar, saber de la propia impermanencia y del hecho de que debemos morir. Una vez conseguidas estas dos experiencias, no importa lo que ocurra —las colinas pueden convertirse en oro, los ríos en leche y todos los hombres en tus esclavos— no tendrá importancia, pues te parecerá desagradable e inservible, como un buen ágape para un enfermo que vomita—. Y para que estas experiencias vengan a ti no basta con que las veas en el exterior —sentarte y escuchar las descripciones de otros— sino que han de nacer del interior, de tus pensamientos, porque entonces serán firmes en tu mente y nunca cambiarán.

Una única expresión del verso raíz, la que dice "ocio y fortuna son difíciles de encontrar", sirve para introducir tres conceptos diferentes: reconocer el propio ocio y la fortuna, contemplar su increíble valor y contemplar lo difícil que resulta encontrarlo. Lo que entendemos por "ocio" es estar libre de las ocho maneras diferentes en que puede una persona verse privada de la oportunidad de poner en acción alguna práctica espiritual.[104] "Fortuna" se refiere al hecho de que uno tiene la suerte de poseer todas las circunstancias internas y externas que le permitirán llevar a cabo dicha práctica: Haber renacido como un ser humano, haber encontrado las enseñanzas del Buda, etc.[105]

Este cuerpo en el que vivimos nos proporciona la capacidad de conseguirlo todo, desde cosas buenas en nuestra próxima vida hasta el mismo estado de la Budeidad y, por ello, su valor es increíble. Este cuerpo y esta vida son difíciles de encontrar desde tres puntos de vista diferentes.

Podemos empezar con el punto de vista "causal". Esta vida de ocio y fortuna es difícil de encontrar porque es el resultado específico de causas determinadas cuyo resultado son el ocio y la fortuna, y estas causas son extremadamente raras: mantener una vida ética totalmente pura, etc.

Después tenemos el punto de vista de "su naturaleza", en general, en los reinos agradables hay menos seres que en los miserables.[106] De todos los seres en los reinos más felices, los humanos son los menos numerosos. De todos los diferentes tipos de seres humanos, los que viven en el mundo que conocemos son los que menos abundan. Y de entre los humanos de nuestro mundo, los que han conseguido el ocio y la fortuna son muy, muy pocos. Por ello, por su naturaleza, una vida como la que tenemos es difícil de encontrar.

Finalmente, una vida como la nuestra es difícil de encontrar desde el punto de vista del "ejemplo clásico". Imagina que en la superficie de un gran océano flota una anilla de oro puro parecida a una yunta a la deriva. El oleaje del mar la empujan de un lado a otro, en toda dirección imaginable. En las profundidades del océano vive una gran tortuga marina. Es ciega. Una vez, sólo una vez en un siglo entero asciende a la superficie para asomar por un instante su cabeza. Supón que acierte a encajar la anilla de oro alrededor de su cuello. Las posibilidades de que ocurra lo contrario son infinitas.

Nuestro caso es idéntico, las enseñanzas del Buda se dan una y otra vez por los diversos planetas del universo. Y aquí estamos, cegados por nuestra ignorancia. Habitamos permanentemente en los lugares más profundos del océano de la vida cíclica. Un cuerpo humano completo, con ocio y fortuna, es extraordinariamente difícil de encontrar: las posibilidades en su contra son casi infinitas. Pero, en esta ocasión, hemos encontrado uno.

Por lo tanto, nuestra vida de ocio y fortuna es increíblemente valiosa y difícil de encontrar. Esta es la primera y última vez que tendremos una oportunidad parecida. Es ahora cuando debemos aprovecharla de la mejor manera. Lo más sublime y especial que podemos hacer con esta vida es practicar el Sendero Mayor.

Y es precisamente ahora cuando debemos empezar esta práctica. Queda poco tiempo antes de que nos sobrevenga la inevitable muerte. Debemos recordar la muerte constantemente. Tener una vaga consciencia de que algún día vendrá o pensar ocasionalmente en ella no basta para tenerla presente. Debes adiestrarte, meticulosamente, en lo que significa morir.

En nuestro texto raíz, la instrucción sobre cómo recordar la muerte o tenerla presente se introduce con las palabras *la vida no es larga*. Esta instrucción incluye un número de divisiones: los beneficios de tener presente la muerte, los problemas de no tener presente la muerte, y tener presente la muerte en la práctica. Esta última división incluye los tres principios básicos, las nueve razones y las tres determinaciones a tomar en base a ellas; termina con la meditación sobre qué es morir en realidad.[107] Quien se adiestra en estas divisiones durante un largo periodo de tiempo desarrollará la verdadera consciencia de la muerte, y después tendrá capacidad para detener su apego o deseo hacia los placeres de esta vida. Cuando, a través de un proceso de cuidadosa contemplación, se ha desarrollado esta actitud de ser consciente de la propia muerte e impermanencia, entonces se puede decir que el sendero virtuoso ha echado raíces en nosotros.

Aquí uno debe estudiar con mayor detalle la meditación sobre la muerte presentada en los trabajos generales sobre *Las Etapas del sendero a la Budeidad*. Esto se aplica también a otros temas subsiguientes, tales como ir por refugio y las enseñanzas sobre las acciones y sus consecuencias. Aquí en este texto, concluyó nuestro Lama, las contemplaciones tradicionales sobre los sufrimientos de los nacimientos inferiores, y las instrucciones completas sobre cómo ir por refugio se transmiten de manera implícita –no directamente– en las palabras de los versos.

IX

Eliminar el deseo hacia las vidas futuras

L O EXPLICADO HASTA AHORA nos lleva a la enseñanza sobre cómo terminar con el deseo hacia la propia vida futura, que es la segunda etapa en el desarrollo del sendero conocido como renuncia.

(4b)

Piensa una y otra vez en cómo las acciones y sus frutos nunca fallan. Y en el ciclo del sufrimiento: Detén tu deseo por el futuro.

Lo que se quiere dar a entender por *deseo* o apego *por el futuro* es el tipo de actitud que te hace pensar: "espero en mis futuros nacimientos poder vivir como un dios, al que las criaturas llaman "El que es Puro" y "Cien Regalos", o como aquellos "Emperadores de la Rueda" que gobiernan sobre el mundo entero. Ojalá viva en un estado maravilloso de felicidad, en el mejor de los lugares, rodeado de las mejores cosas, con un cuerpo hermoso y todo lo que deseo al alcance de mi mano". En ocasiones, también vemos a quienes rezan para poder renacer en el reino puro de un buda, donde nunca sufrirán y podrán disfrutar de felicidad eterna, pero rezan sin intención de alcanzar este elevado estado para ayudar a los demás. Si realmente llegamos al fondo de esta línea de pensamiento, podemos afirmar que la mayor parte de gente así ha caído bajo el influjo del deseo por las vidas futuras

En los textos tradicionales sobre las etapas del sendero a la Budeidad encontramos los principios de las acciones y sus efectos en la sección relativa a los seres de capacidad inicial, para detener nuestro deseo hacia esta vida presente. La instrucción para personas de capacidad media sirve para ayudarnos a detener nuestro deseo por una vida futura. Aquí, en la enseñanza sobre los tres senderos principales, en cambio, se nos aconseja meditar en nuestro ocio y fortuna, así como en la impermanencia, para detener nuestro deseo hacia esta vida. El deseo hacia las vidas futuras se detendrá cuando combinemos la comprensión del principio de las acciones y sus consecuencias y la contemplación de los diversos sufrimientos de la vida cíclica.

Esta última presentación está ideada para transmitir dos planteamientos importantes. El primero es, puesto que la fuerza de las acciones y las consecuencias es tan sutil, las consecuencias de cualquier acto negativo le devuelven a uno al círculo de la vida, si uno fracasa en escaparse completamente del ciclo. El segundo es que, para vencer este círculo, se ha de detener cualquier acción motivada por la ignorancia.

Por lo tanto, se puede afirmar que para escapar al círculo de la vida uno debe adoptar las acciones virtuosas y abandonar las acciones negativas. Pero uno ha de creer firmemente en la ley de las acciones y sus consecuencias y para conseguirlo es necesario reflexionar en tales acciones y en sus consecuencias.

Esta contemplación se lleva a cabo considerando, con gran cuidado, los cuatro principios de las acciones que el Buda enunció:

1. Las acciones producen consecuencias similares con toda seguridad.

2. Las consecuencias son mayores que las acciones.

3. Uno no puede encontrarse con la consecuencia si no ha cometido la acción.

4. Una vez la acción es cometida, la consecuencia no se puede evitar.

Cuando se ha logrado una creencia bien cimentada en dichos principios, automáticamente, en su vida cotidiana uno evitará hacer mal las cosas y hará lo correcto.

En los textos de las *Etapas del sendero a la Budeidad*, a la instrucción sobre la impermanencia le siguen las secciones que tratan los tres nacimientos inferiores y cómo tomar refugio.

Aquí se integran algunos de estos puntos de las Etapas –lo cual es también la intención del texto que tienes en las manos–.

Después de morir, tu consciencia no se extingue como una vela, debes ir a otro nacimiento. Y sólo hay dos tipos de nacimiento que puedas tomar: un nacimiento miserable o un nacimiento feliz. Respecto a cuál de los dos será, estás totalmente desamparado: sigues la dirección de tus actos pasados. Las acciones virtuosas te dirigen a uno de los nacimientos felices, las acciones negativas te lanzan a uno de los tres nacimientos miserables.

Los grandes actos negativos te dirigen a los infiernos, los medios, a un nacimiento como espíritu insaciable, y los menores te pueden hacer nacer como animal. Los grandes actos virtuosos, en cambio, producen nacer como ser divino o de placer en uno de los dos reinos más elevados, los medios te convierten en un ser divino o de placer del reino del deseo y los menores te hacen renacer como un humano en el mismo reino.[108] Tal y como nuestro glorioso protector, Nagarjuna ha afirmado:

> La no-virtud causa todo el sufrimiento y todos los nacimientos miserables. La virtud causa todos los nacimientos felices
> y la felicidad en cada uno de ellos[109].

Puesto que es así, y puesto que toda la virtud que vosotros y yo poseemos es débil, mientras que la no virtud es siempre tan poderosa, podemos afirmar categóricamente que renaceremos en uno de los reinos miserables.

Al nacer en uno de estos reinos nos encontraríamos con sufrimientos insoportables. Un ser en los infiernos padecería un frío y un calor indescriptibles, nuestros cuerpos hervirían o se abrasarían. Como espíritus insaciables siempre tendríamos hambre o sed y en un constante estado de agotamiento y temor. Como animales seríamos bestias inconscientes, incapaces de decir nada, explotados por los humanos para hacer su trabajo o ser su comida.

La única manera de evitar estos nacimientos miserables es mirar hacia las tres preciosas joyas[110] para obtener su protección, y hacerlo desde lo más profundo del corazón, esforzándonos en elegir correctamente qué acciones llevar a cabo y cuáles abandonar.

Tomar la decisión correcta al elegir nuestras acciones es, en realidad, la instrucción más importante de todas las enseñanzas sobre cómo ir por refugio. Si no tenemos en cuenta los principios de las acciones y sus consecuencias, estamos sentenciados a renacer en los reinos miserables.

La gente como vosotros y yo presentes en esta asamblea de monjes en su mayor parte, no es probable que caigamos en uno de los nacimientos inferiores por desconocer la enseñanza espiritual. Pero recordad: ha habido multitudes de personas como nosotros, conocedores de las enseñanzas que terminaron en los reinos miserables por no saber poner dichas enseñanzas en práctica o porque eligieron prescindir de las leyes de la acción y su consecuencia.

Debemos guardar estas leyes. El hombre que no lo haga, habrá de renacer en un reino inferior, no importa el conocimiento que tenga o cuan santo sea. Puedes ser un sabio que domina todo el canon, puedes ser un meditador avanzado con fantásticos logros espirituales, puedes tener elevados poderes extrasensoriales y capacidad para llevar a cabo milagros, pero si no puedes vivir según la acción y sus consecuencias sufrirás.

Tenemos, por ejemplo, al monje de nombre Lekhar, capaz de sentarse y recitar las doce grandes colecciones completas de escrituras[111], y también a Devastada –que tenía en su memoria la vasta cantidad de escrituras que denominamos un "montón".[112]– Sin embargo, a nivel último no les sirvió de mucho a ninguno de los dos ya que renacieron en los infiernos. Esto, de nuevo, parecería ser el caso de una persona que tiene conocimiento de las enseñanzas, pero es incapaz de ponerlo en práctica, o que menosprecia los principios de las acciones y sus consecuencias, o que nunca ha creído en estos principios. Sucesos como éstos, de personas que vivieron antes de nosotros y que cometieron ese error, son casi incontables y deberíamos aprender de ellos.

Esto nos lleva, pues, a los cuatro principios más generales en nuestra contemplación de las acciones y sus consecuencias:

1. Si la causa en cuestión es un acto virtuoso, la consecuencia que produce sólo puede ser de placer, nunca dolor. Si la causa es un acto negativo, la consecuencia que produce sólo puede ser dolorosa, nunca de placer. Por ello, el primer principio es que, con toda seguridad, las acciones producen consecuencias similares a ellas.

2. Las causas implicadas pueden ser actos virtuosos o no virtuosos relativamente menores, pero las consecuencias que cada una produce –el placer o el dolor– tendrá un poder tremendo. El segundo principio, pues, es que las consecuencias son mayores que las acciones.

3. Si uno nunca lleva a cabo la acción virtuosa o no virtuosa que actúa como causa, nunca experimentará la consecuencia, sea ésta de placer o de dolor. De aquí el tercer principio: uno no puede encontrarse con la consecuencia si no ha cometido la acción.

4. El cuarto principio señala que cuando una persona ha acumulado un acto virtuoso o no virtuoso como causa, la consecuencia de su acción ya no se puede perder una vez se ha cometido, siempre y cuando el poder de un buen acto, por ejemplo, no sea destruido por una emoción como el odio, o el poder de un mal acto por aplicar un antídoto apropiado.113

Hay otros principios. Se dice que el poder de una acción, virtuosa o negativa se multiplica si se lleva a cabo hacia algún objeto especialmente importante. Lo mismo sucede si el pensamiento responsable de una acción es particularmente fuerte, o si la sustancia con que se lleva a cabo el acto es especial, o incluso, si la persona que lleva a cabo el acto es especial de algún modo.

Debes intentar desarrollar una creencia bien enraizada en estos principios. Tomarte un tiempo para contemplar incluso el funcionamiento más profundo y sutil de las acciones y sus consecuencias, y después aplicar esta comprensión. Poner la ley de las acciones y sus consecuencias en práctica significa observar dicha ley —es decir, seguir las normas evitando los diez actos negativos.[114]

Habrás oído hablar de lo que denominamos "visión correcta mundana", bien, se refiere a comprender las acciones y las consecuencias. Por cierto, esta visión es algo a lo que todo el mundo debería adherirse, sea monje, monja o laico. Date cuenta de que la palabra "mundana" en este contexto no se refiere sólo a la gente que todavía vive una vida seglar. Usamos la expresión "gente ordinaria" para referirnos a cualquier persona que todavía no ha alcanzado el sendero de un ser realizado.[115] Sea cual sea nuestra condición, somos personas "mundanas" mientras sigamos siendo gente ordinaria en ese sentido.

La práctica religiosa empieza, pues, a partir de que uno empieza a observar las acciones y sus consecuencias. Se dice que:

El sendero empieza por tener la confianza adecuada en un guía espiritual.

Las etapas del sendero empiezan al contemplar tu ocio y fortuna.

La meditación empieza con tu motivación. Y la práctica del Dharma empieza cuando observas las leyes de las acciones y sus consecuencias.[116]

Por lo tanto, no permitamos bajo ningún concepto que nuestro cuerpo, palabra o mente —cualquiera de las tres puertas a través de las que nos expresamos— se ensucien por culpa de los malos actos. Y, si por algún motivo los llevamos a cabo, debemos purificarlos aplicando la confesión.

Hablando en general, contemplar los principios de las acciones y sus consecuencias es suficiente para detener el deseo hacia la vida futura. Pero, realmente, la mejor manera es contemplar los muchos sufrimientos de este ciclo de vida. En un sentido amplio se puede afirmar que la renuncia empieza a brotar en el corazón de una persona cuando ha meditado en los tormentos del "Revivir" (el infierno más ligero) y genera un sentimiento de terror.[117] Pero, el dominio completo de la renuncia sólo se produce cuando uno siente verdadera aversión incluso hacia las cosas supuestamente buenas de esta vida cíclica.

La contemplación tradicional de los sufrimientos de la vida cíclica tiene dos partes: considerar los sufrimientos en general, y pensar reiteradamente en ellos uno por uno. El texto conocido como *Palabras del Gentil*, describe primero los sufrimientos individuales para proseguir con los generales[118]. Por otro lado, los trabajos denominados *El Sendero del Gozo* y el *Sendero Rápido*, presentan los sufrimientos generales primero y los sufrimientos individuales después.[119] Cada una de estas dos maneras de hacerlo conlleva una lección muy valiosa. Aquí seguiremos el texto *Palabras del Gentil*.

Seguir de la mejor manera posible la enseñanza sobre tomar refugio y adoptar la decisión correcta en relación con las acciones y sus consecuencias te liberará de tener que tomar uno de los tres nacimientos inferiores. Pero, lo que realmente necesitas es liberarte por completo del ciclo de la vida porque, aunque evites un nacimiento inferior, conseguir una vida maravillosa en uno de los nacimientos más felices no es más que sufrimiento de todos modos.

Supón que naces como humano, también sufres al salir del seno materno. También sufres a medida que tu cuerpo envejece, día tras día. Sufres al enfermar y sufres al morir. Debes sufrir el dolor de perder a tu estimada familia. Debes sufrir el dolor de encontrarte con tus enemigos odiados. Debes sufrir el dolor de trabajar por las cosas que deseas y quizá no ser capaz de conseguirlas, y un largo etcétera.

Supón que tomas el segundo tipo de nacimiento más feliz –en una especie de lugar celestial, como un ser de placer menor–. Incluso a lo largo de esa vida sufrirás a causa de disputas[120] y debido a la intensa envidia que sientes hacia los seres que experimentan más placer que tú; y también sufres cuando tu cuerpo es descuartizado o partido en pedazos, etc.

Supón que, finalmente, te conviertes en uno de aquellos seres de mayor placer, esos que viven en los tres reinos de existencia; digamos que llegas a ser uno de ellos en el primero, en el reino del deseo. Aún tendrás que experimentar un sufrimiento terrible pues tras una vida extremadamente larga y llena de placer, los signos de la muerte empezarán a arruinar tu cuerpo, y luego sufrirás cuando te veas descendiendo a un nacimiento inferior –ya que la mayoría de los seres de placer van directamente a una de las vidas miserables– desperdiciándose todo el poder positivo almacenado por sus buenos actos creados en vidas pasadas mientras disfrutan de sus consecuencias: los deleites propios de un ser de placer. Durante esa existencia no pueden acumular más poder positivo. No obstante, guardan una gran reserva de malos actos, un poder negativo tremendo bajo la forma de aflicciones mentales como el apego. Todo ello les precipita hacia un nacimiento miserable cuando mueren.

Pongamos, por último, que logras renacer como ser de placer en dos de los tres mejores reinos de existencia más elevada. Este tipo de seres celestiales carecen de cualquier dolor evidente, pero, aun así, por la naturaleza misma de la vida, poseen la forma más sutil de sufrimiento: el sufrimiento constante de envejecer momento a momento. Son incapaces de permanecer en el paraíso; llega un día en el que el poder de sus buenos actos pasados, el mismo poder que los hizo ir a parar allí se agota y entonces azotados por la energía de alguno de sus malos actos pasados se ven obligados a tomar un nacimiento inferior. Por lo tanto, como ves, realmente no importa qué tipo de cosas maravillosas puedan acontecerte en el ciclo de la vida, ninguna es estable, ni merecedora de tu confianza. La forma más elevada de existencia, aquel raro nivel de meditación que denominamos "la cima de la vida" no es en absoluto mejor que el peor de los estados en que podemos caer –como colgar sobre una caldera de acero fundido en el infierno, a punto de ser introducidos en ella–.

El Noble Tsongkhapa, en su gran exposición sobre las *Etapas del sendero a la Budeidad*, divide la contemplación de los sufrimientos generales de la vida en tres secciones: esto consiste en contemplar los ocho sufrimientos, los seis sufrimientos y los tres sufrimientos. El grupo de ocho, no obstante, se refiere mayormente a la vida como humano y el grupo de tres vendría a ser como un resumen de todos ellos. Aquí hablaremos un poco de cómo contemplar los seis sufrimientos[121] siguientes:

1. El problema de que la vida es incierta.

2. El problema de que siempre deseamos más de lo que tenemos.

3. El problema de tener que desprendernos de nuestro cuerpo una y otra vez.

4. El problema de tener que entrar en una nueva vida una y otra vez.

5. El problema de que nuestra fortuna en la vida sube y baja una y otra vez.

6. El problema de que nadie puede acompañarnos; a nivel último estamos solos.

Estos seis problemas se describen extensamente en los trabajos tradicionales sobre las Etapas a la Budeidad. Deberíamos recordar no obstante al Rey *Aliméntame*, cuyas últimas palabras fueron: "No hay peor demonio en el mundo que querer siempre más de lo que tenemos"[122]. Nosotros somos monjes y sólo necesitamos preocuparnos por dos cosas:

> Lee los libros sagrados, recibe enseñanzas al respecto, contempla su significado. Vive una vida retirada y permanece en meditación.

Aquí "vida retirada" significa una vida en la que persistimos en nuestra ética o moralidad y rechazamos los malos actos. Si evitamos apartarnos de estas dos actividades, llegará el día en que seremos sabios y realizados. No obstante, si las dejamos de lado, nos perderemos en lo que le llaman "muchas cosas que hacer y en las que pensar". Y luego no haremos práctica espiritual de ninguna clase. A propósito, la gente comete este error porque son incapaces de seguir el precepto: "Ten pocos deseos; sé fácil de contentar."[123]

Puesto que los tres tipos de sufrimiento se mencionan más adelante en el texto raíz, los describiremos de manera breve. Todas las sensaciones impuras de dolor constituyen el primer tipo de sufrimiento: el "sufrimiento del sufrimiento". Todas las sensaciones impuras agradables constituyen el segundo tipo de sufrimiento: el "sufrimiento del cambio". Podemos explicar este sufrimiento así. Cuando estás en un lugar en el que hace mucho calor, algo fresco parece placentero; cuando estás en un lugar muy frío, algo caliente parece agradable. Lo mismo sucede cuando has tenido que andar un largo camino (sentarse parece un placer) o has tenido que estar sentado durante rato (caminar te parece un placer).

No obstante, ninguna de las cosas que parecen ser placenteras lo son por naturaleza. Si lo fueran, cuanto más duraran mayor sería tu placer. Pero éste no es el caso, porque a medida que duran más y más, empiezan a producir dolor. Cuando esto sucede ves claro que, por naturaleza, no son placenteras. De hecho, son sufrimiento –lo que denominamos "el sufrimiento del cambio"–.

El tercer tipo de sufrimiento es conocido como "el sufrimiento que lo impregna todo, el que atrae más dolor". La cuestión aquí es que, no importa cuál de los seis tipos de nacimiento tomemos, adoptamos un cuerpo cuya misma existencia, trae su propio sufrimiento incorporado. Desde el instante en que nos apropiamos de las partes impuras de nuestro ser, desde el primer instante de su existencia, ya actúa como base para todos los sufrimientos que cabe esperar de la vida: nacer, envejecer, enfermar, morir y el resto. Las partes impuras de las que estamos compuestos son como un gran tarro que recoge el sufrimiento del sufrimiento y el sufrimiento del cambio tanto en esta vida como en las futuras. Debemos encontrar la manera de dejar de tomar nacimientos, de dejar de tomar las partes impuras de las que estamos hechos. Hasta que lo consigamos, nuestra existencia no será más que dolor, como yacer tumbados en un lecho de agujas –nada más que dolor–.

"Escapar de la vida cíclica" no es como escaparse de un país y conseguir llegar a otro. "La vida cíclica" es, precisamente, la existencia repetitiva de las partes impuras de las que estamos constituidos, las partes impuras que hemos adoptado. Y cuando la existencia continua de estas partes se detiene de raíz, gracias a la sabiduría que comprende que nada tiene una naturaleza propia, esencial, entonces sucede el, "escapar de la vida cíclica".

Así concluye nuestra explicación sobre cómo eliminar el deseo hacia tus vidas futuras.

X

Cómo saber cuándo has encontrado la renuncia

L A TERCERA Y ÚLTIMA sección de la explicación sobre la renuncia describe el momento en el que se puede afirmar que una persona la ha desarrollado con éxito. Así lo leemos en el siguiente verso del texto raíz:

(5)

Cuando has meditado de este modo y no sientes siquiera un momento de deseo por las cosas buenas de la vida cíclica, y empiezas a pensar, tanto de día como de noche, en conseguir la libertad, has encontrado la renuncia.

Imagina que *has meditado de este modo*, en los temas ya mencionados: tu impermanencia, los nacimientos miserables, los principios de las acciones y sus consecuencias, y el sufrimiento en los nacimientos más felices. Gracias a ello te das cuenta de que todo carece de sentido: es decir, aunque lograras alcanzar la felicidad que los seres de placer disfrutan en sus paraísos celestiales, no sería más que sufrimiento; que así será hasta que abandones para siempre la vida cíclica.

Y entonces sobreviene incluso más fuerte: en tu corazón, *no sientes siquiera un momento de deseo por las* fantásticas riquezas de dioses como el Inmaculado y el Cien Regalos; ni sientes deseo por la riqueza de un Emperador de la Rueda, el que domina el mundo. Este pensamiento especial vendrá a tu mente *tanto de día como de noche;* es decir, en cada instante de consciencia el pensamiento aparece en tu mente por sí mismo –igual que un hombre con un gran problema lo recuerda a todas horas y cada vez que se despierta a lo largo de la noche. *Cuando empiezas a pensar* en el medio *de conseguir la libertad,* cuando de manera genuina anhelas libertad, bien, entonces *has encontrado la renuncia.*

Los textos de las Etapas a la Budeidad tienen secciones que van desde la enseñanza acerca de lo difícil que resulta encontrar el ocio y la fortuna hasta la renuncia, todo ello incluido bajo los dos enunciados "senderos para los practicantes de capacidad inicial" y "senderos para los practicantes de capacidad media".

Aquí, en los *Tres Senderos Principales*, no obstante, todas caen en el enunciado la "renuncia" y constituyen una característica única de este trabajo. Hay una razón para ello, la renuncia es la causa especial que produce lo que denominamos "gran compasión". Para llegar a la compasión, necesitamos primero el pensamiento genuino de la renuncia. La gran compasión es un estado mental que no soporta de ninguna manera ver a los demás atormentados por los sufrimientos de la vida, y es imposible alcanzarla mientras el interés que sientes hacia tus propios tormentos sea tan débil que no es capaz de mover ni un pelo. Tal como los famosos versos de la *Vida del Bodhisatva* dicen:

> Si esta clase de gente nunca habían sentido, ni siquiera en sueños, este deseo hacia sí mismos ¿Cómo podrían entonces sentirlo hacia los demás?[124]

Por lo tanto, podemos afirmar que la renuncia y la compasión son el mismo estado mental, tan sólo que uno se desarrolla al meditar en *tu propia situación* y el otro al meditar en *la situación de los demás*.

Para generar la compasión debemos estudiar y contemplar las *Etapas del sendero a la Budeidad*, la gran enseñanza del gentil protector Tsongkhapa, y adiestrar de modo gradual nuestra mente. Las personas como nosotros vemos cómo nuestro apego y otras emociones aflictivas se refuerzan y crecen día tras día; la razón es que ni tan siquiera nos hemos adiestrado en los senderos para gente de capacidad inicial y media.

Las personas inteligentes deberían dejar de lado la práctica de senderos equívocos capaces de ser dominados por cualquier chaman local o seguidor de alguna "religión" deficiente: cosas como intentar desarrollar poderes extrasensoriales, la capacidad de llevar a cabo hechos milagrosos, o el así llamado "día de apertura", de la religión del tributo. Al contrario, la gente que discierne debería aprender, contemplar y meditar los tres conjuntos de escrituras (que contienen la magnitud de la enseñanza en general) y estas Etapas de la Budeidad (que son la esencia del sendero de los tres adiestramientos).[125]

Si empiezas con estas Etapas, nunca irás errado y, gradualmente, obtendrás el elevado estado meditativo llamado "quietud", los tres senderos principales y todo lo demás, incluyendo los dos niveles del camino secreto. Cualquier esperanza de obtener la Budeidad, pues, se encuentra en esta enseñanza. Pero debemos intentar desarrollar totalmente la gran compasión en nuestro corazón. En caso contrario, concluyó nuestro Lama, es imposible poder generar el deseo sublime de obtener la Budeidad para beneficio de cada ser consciente.

Segundo sendero: el deseo de obtener la iluminación para cada ser consciente

XI

¿Por qué necesitas el deseo de obtener la Iluminación?

HEMOS LLEGADO A LA segunda de las cuatro partes de que consta el cuerpo principal del texto. Se trata de una explicación sobre el deseo de obtener la Iluminación para beneficio de todo ser consciente. Esta explicación incluye en sí misma tres secciones: por qué necesitas el deseo de obtener la Iluminación, qué hacer para fomentarlo y cómo saber cuándo lo has desarrollado finalmente. El siguiente verso del texto raíz explica por qué necesitas este precioso deseo.

(6)

La renuncia, no obstante, nunca puede aportar el gozo total de la incomparable Budeidad, a menos que esté atada al deseo más puro; por ello los sabios buscan el elevado deseo de obtener la Iluminación (la bodhichita).

Puede que obtengas algunos intensos sentimientos de renuncia como se describía antes. No obstante, cualquier buena acción realizada bajo su influencia sólo producirá un nirvana ordinario –por sí solos nunca servirán para llevarte a la Iluminación omnisciente–. Podemos entender este hecho porque incluso los practicantes de senderos inferiores –los "oyentes" y "victoriosos auto realizados"– poseen la renuncia verdadera.[126]

Es decir, para obtener la Iluminación plena, una persona ha de despertar en su mente los tres senderos principales y de modo más específico el segundo sendero: el deseo de obtener la Iluminación para todo ser consciente. Puedes poseer poderes extrasensoriales, llevar a cabo milagros, tener un número de cualidades fantásticas, pero a menos que esta joya preciosa esté en tu corazón, nunca formarás parte del selecto grupo de personas que practican el sendero mayor. Sin este elevado deseo ninguna de tus cualidades te va a llevar al gozo total, ninguna de ellas, absolutamente ninguna, producirá la Budeidad: la capacidad de liberar a todo ser de los problemas de la vida cíclica y de tener una perspectiva menor de esta vida cíclica.[127]

Los grandes practicantes de los senderos inferiores –"destructores de enemigos" como los "oyentes" y "auto realizados"– poseen buenas cualidades semejantes a una gran montaña de oro puro; cualidades como la capacidad de percibir la vacuidad directamente. Pero estos senderos nunca los llevan a la Budeidad. ¿Por qué? Porque carecen del deseo de alcanzar la Iluminación para beneficio de todo ser consciente.[128]

Si consigues este deseo grandioso te conviertes en alguien verdaderamente merecedor de que el mundo –con todas sus diferentes clases de seres, incluidos humanos y dioses– se postre a tus pies, tal y como describen los libros santos la *Vida del Bodhisatva, Entrar en el Camino Medio* y el *Montón Raro*.[129] Te convertirás en una clase diferente de persona capaz de ensombrecer por completo a los oyentes y a los victoriosos auto realizados –practicantes de los senderos inferiores–. Cualquier acto virtuoso, incluso dar un pedazo de comida a un pájaro salvaje, se vuelve una práctica del sendero mayor, una causa para llegar a tu futura Budeidad; se transforma en la forma de vida de un bodhisatva.

Si una persona posee el santo deseo de obtener la Iluminación para poder beneficiar a cada ser consciente, los incontables Budas de las diez direcciones del espacio le considerarán como a un hijo. Y todos los grandes bodhisatvas le considerarán como a un hermano.

Pero esto no es todo: El gran interrogante respecto a si has alcanzado el sendero mayor y el gran interrogante respecto a si serás capaz de alcanzar la Budeidad en esta corta vida, depende de que hayas adquirido de verdad este deseo. Por lo tanto, si anhelas la Iluminación, concluyó nuestro Lama, debes habituar tus pensamientos al deseo.

XII

Cómo fomentar el deseo de obtener la Iluminación

LA SEGUNDA SECCIÓN RELATIVA al deseo de obtener la Iluminación para todo ser consciente describe cómo fomentar este deseo. Como se dice en los versos siguientes:

(7-8)

Son arrastrados por las cuatro violentas corrientes de un río. Estrechas cadenas les atan a sus actos pasados, difíciles de soltar. Oprimidos dentro de la jaula de acero de su aferramiento a "lo autoexistente", asfixiados por la negra oscuridad de la ignorancia.

Nacen en una rueda sin fin, y en sus nacimientos son torturados sin respiro por los tres sufrimientos. Piensa en cómo se sienten tus madres. Piensa en lo que les sucede. Por ellos: intenta desarrollar este deseo sublime.

Podemos empezar con un par de versos de *La Vida del Bodhisatva*:

Si el solo deseo de aliviar el dolor de cabeza de otra persona puede traerte un mérito inmenso, gracias a la intención de ayudarle que sientes.

¿Hace falta mencionar el valor del deseo por detener el inconmensurable dolor de todo ser y llevar a cada uno al estado de inconmensurable felicidad?[130]

El *Sutra que Suplicó Viradata* dice también:

Si el mérito que proviene del deseo de obtener la Iluminación, pudiera adoptar alguna clase de forma física, llenaría los mismísimos límites del espacio esparciéndose también más allá.[131]

Los beneficios del deseo de alcanzar la Iluminación para todos los seres conscientes se describen, en éste y otros textos, como ilimitados. Y por ello, aquí tenemos a la multitud de seres conscientes, todos ellos nuestras madres, *arrastradas* por la fuerza de *las cuatro corrientes de un río*, todos los *violentos sufrimientos*. Desde un punto de vista, al actuar como causa, estos cuatro son: el torrente del deseo apego, el torrente de los puntos de vista, el torrente de la fuerza madura de los actos y el torrente de la ignorancia. Más tarde, cuando actúan como resultado, son: los cuatro torrentes del nacimiento, el envejecimiento, la enfermedad y la muerte.

Y estos seres que han sido nuestras madres no sólo están atrapados por esos cuatro grandes ríos, sino que *están* atados de pies y manos, *por estrechas cadenas,* atrapados *por* sus propios *actos pasados, difíciles de soltar.*

Pero esto no es todo, las cadenas que les atan con tanta fuerza no son ordinarias, como nuestras cuerdas de pelo de yak trenzado, sino que los seres, nuestras madres, están amarrados con grilletes de hierro, difíciles de cortar y difíciles de quitar —porque mientras son arrastrados *están oprimidos dentro de la jaula de acero de su aferramiento a* lo *autoexistente* que, no existe—.

Y hay más. A la luz del día, estos seres que son nuestras madres tendrían un rayo de esperanza; al menos podrían gritar para conseguir ayuda. Pero es de noche, la hora más oscura de la noche, y en ella son arrastrados corriente abajo por el poderoso río; están completamente *asfixiados* por *la negra oscuridad de la ignorancia.*

Nacen en el océano de la vida, *en una rueda sin fin,* una rueda que nunca cesa y *en sus nacimientos son torturados* por tres diferentes clases de *sufrimiento*: el sufrimiento del sufrimiento, el sufrimiento del cambio y el sufrimiento que todo lo impregna. Y su tortura *sin respiro* está siempre presente.

Esto es *lo que les sucede* a los seres, nuestras madres. Esta es su situación: dolor insoportable. Nada pueden hacer para ayudarse. El hijo, sin embargo, tiene una oportunidad al alcance de la mano para liberar a su madre. Debe encontrar el modo y hacerlo ahora, debe agarrarla de la mano y sacarla de ahí. Y este modo es *intentar desarrollar el* valioso *deseo* de obtener la Iluminación. Debe hacerlo en primer lugar *pensando en cómo se siente* su *madre* torturada por el dolor, acto seguido toma como una responsabilidad personal el deber de liberarlas a todas, de acuerdo con sus niveles.

Para lograr el deseo de obtener la Iluminación, debe primero contemplar. Para contemplar le hace falta aprender de otro ser. El "amor bondadoso" es un deseo casi obsesivo de que todo ser consciente tenga felicidad. La "compasión" es el deseo casi obsesivo de que estén libres de cualquier dolor. Piensa en cómo se siente una madre cuando su querido hijo único está atormentado por una enfermedad grave. Esté donde esté y haga lo que haga, pensará constantemente en cuán maravilloso sería poder encontrar una manera rápida de liberarlo de su enfermedad. Este pensamiento es continuo en su mente, sin descanso, es espontáneo y automático. Se convierte en una obsesión para ella. Cuando sintamos lo mismo hacia cada ser consciente, sólo entonces podremos decir que hemos obtenido lo que llaman la "gran compasión".

Aquí en las enseñanzas del Buda se dan dos métodos para adiestrar nuestras mentes en esta joya preciosa, el deseo de obtener la Iluminación. El primero es la "instrucción en siete partes de causa y efecto", al segundo lo denominamos "cambiarse por los demás" No importa cuál de los dos uses para adiestrar la mente; es definitivo que conseguirás la Iluminación. La manera en que uno debe adiestrarse en este deseo, la manera completa y sin fallo, la manera que no es comparable a ninguna otra en la tierra es la instrucción de las *Etapas del sendero a la Budeidad*, la esencia de todas las enseñanzas de nuestro gentil protector, el gran Tsongkhapa. Adiéstrate en el deseo de obtener la Iluminación utilizando esta instrucción veraz.

A continuación, se presenta un breve resumen sobre cómo se adiestra uno en el deseo de obtener la Iluminación para beneficio de todos los seres. El punto de partida es desarrollar un sentimiento de *ecuanimidad* hacia todos los seres; después se empieza a meditar en cada una de las etapas, desde "reconocer a las madres" en adelante. Las tres primeras etapas son, *reconocer a todos los seres como a nuestra madre, sentir gratitud por su amabilidad* y *desear devolver esa amabilidad*. Estos tres actúan como causa para despertar el *amor bondadoso*, al que denominamos "hermoso". Este amor bondadoso es en sí mismo la cuarta etapa; es tanto un efecto producido por las tres primeras etapas, como una causa para obtener la quinta: la *gran compasión*.

La intensidad del deseo de conseguir la Iluminación depende de lo intensos que sean los sentimientos de gran compasión. Si encuentras difícil desarrollar compasión, practica la meditación conocida como "Lama Mirada Amorosa". Si te esfuerzas en llevarla a cabo y haces la súplica adecuada, así como la práctica en la que visualizas que tu mente y la de Mirada Amorosa se hacen una, obtendrás bendiciones.[132] Esta es una instrucción personal muy especial para desarrollar la gran compasión. Nuestro Lama explicó que había un buen número de puntos profundos al respecto, pero que no los detallaría en una reunión pública.

Una vez desarrollada la gran compasión, despiertas una forma extraordinaria de *responsabilidad personal* en la que aceptas la carga de trabajar para el beneficio de los demás. Y de aquí procede el *deseo de obtener la Iluminación para cada ser*.

La meditación sobre la ecuanimidad es como sigue. En primer lugar, conduce tus pensamientos hacia un estado equilibrado, libre de sentimientos de agrado o desagrado producto de pensar en alguien que para ti es neutral: ni amigo, ni enemigo. Después, imagina a dos personas sentadas frente a ti: un amigo muy querido y un enemigo al que detestas. A continuación, piensa detenidamente en el hecho de que el amigo ha sido, en muchas de sus vidas previas, tu enemigo y te ha herido. Piensa también que el enemigo ha sido, en muchas de tus vidas pasadas tu amigo y te ha ayudado. Así conduces tu mente a un estado de equilibrio, libre de sentimientos de agrado y desagrado.

Continúas pensando en cómo los seres conscientes son iguales en el sentido de que, desde su punto de vista, cada uno de ellos desea ser feliz. Son iguales también en no desear dolor. Son iguales porque cada uno ha sido, tanto nuestro enemigo como nuestro amigo, en muchas ocasiones. Entonces ¿Quién se supone que debe gustarme? ¿Y hacia quién he de sentir desagrado? Tienes que seguir practicando hasta que un día logres un sentimiento ecuánime hacia todos los seres conscientes, tan vastos como el mismo espacio.

El siguiente paso es la meditación en la que reconoces que cada ser consciente es tu madre. Llegar a esta conclusión es mucho más fácil si aplicas una línea de razonamiento –mencionada en el *Comentario sobre la Percepción Válida*– cuyo fin es demostrar la regresión infinita de la consciencia. Presentaremos brevemente este razonamiento.[133]

Tu consciencia de hoy es la continuación mental de tu consciencia de ayer. Tu consciencia de este año es la continuación de la consciencia que tuviste el año anterior. Del mismo modo, tu consciencia a lo largo de toda esta vida es la continuidad mental de la consciencia que tenías en tu vida previa. La consciencia que tenías en tu vida previa fue, a su vez, la continuidad de la consciencia de la vida anterior. Puedes remontarte hacia atrás tanto como quieras y nunca llegarás a un punto en el que puedas afirmar: "Antes de este punto, no tenía consciencia". Esto prueba, pues, la regresión infinita de la propia consciencia.

Entonces, mi vida cíclica debe carecer de principio y los nacimientos que he tomado tampoco pueden tener un punto de partida. No existe un lugar en el que no haya nacido. He nacido incontables veces en cada lugar. No existe ninguna criatura cuyo cuerpo no haya tenido y he poseído todo tipo de cuerpos, incontables veces. Solo las vidas que he tenido como perro son incontables. Y lo mismo le ocurre a cada ser consciente.

Por lo tanto, no existe ningún ser que no haya sido mi madre. Absolutamente todos ellos han sido mi madre incontables veces. Incluso el número de veces que cada uno de ellos ha sido mi madre en mis nacimientos como humano es incontable.

Haz esta meditación una y otra vez hasta tener la profunda convicción de que cada ser ha sido tu madre, una y otra vez, en incontables ocasiones.

El siguiente paso es desarrollar un sentimiento de gratitud. Piensa en tu madre de esta vida presente: empezó a tener privaciones por mi culpa mientras aún me llevaba en su seno, las aceptó con alegría evitando todo lo que pudiera lastimarme –incluso la comida que ingería–, se cuidaba como si estuviera enferma. Durante nueve meses y diez días me llevó en su seno y consideraba su propio cuerpo como si perteneciera a otro, a alguien muy enfermo e incluso dudaba de si le convenía caminar deprisa o no.

Al dar a luz, mi madre padeció un violento sufrimiento y un dolor insoportable, pero aun así sintió una alegría abrumadora, como si hubiera descubierto una gema preciosa capaz de concederle cualquier deseo.

En aquellos momentos yo no sabía hacer nada más que llorar y agitar los brazos. Era totalmente inútil, totalmente estúpido. Incapaz. No era más que un polluelo con el pico todavía rojo y blando. Pero ella me mecía con cuidado con las yemas de sus dedos, me estrechaba contra su cálido pecho y me saludaba con sonrisas llenas de amor.

Con ojos alegres me observaba, limpiaba mis mocos con sus labios y retiraba con sus propias manos el desagradable excremento. A veces, incluso masticaba la comida para mí y me daba papillas de leche desde su boca a la mía. Hizo todo lo posible para protegerme de cualquier mal. Hizo todo lo que estuvo en su mano para proporcionarme lo mejor.

En aquellos días dependía de ella para todo, bueno o malo, alegre o triste, cualquier deseo que yo pudiera tener recaía en una persona: mi madre. De no haber sido por su amabilidad yo no habría durado ni una hora; podrían haberme dejado al aire libre y los pájaros o un perro me habrían devorado sin la menor posibilidad de salir vivo. Cada día, ella me protegía de cientos de peligros que podían haber acabado con mi vida. Tal fue su amabilidad.

Y mientras yo crecía, ella me proporcionaba todo lo que yo pudiera necesitar, no evitando algún mal acto o sufrimiento, sin importarle lo que los demás pudieran decir de ella. Todo el dinero y lo que poseía me lo entregó, privándose incluso de lo necesario para ella misma.

En cuanto a aquellos entre nosotros que tenemos la fortuna de practicar la vida monástica, fue la Madre quien hizo posible que nos admitieran en el monasterio, haciéndose cargo sin reservas de todos los gastos. Y desde entonces nos mantuvo allí, entregándonos todo lo que tenía. Verdaderamente, la amabilidad que ha demostrado no tiene medida.

Y esta no es la única vida en la que mi madre actual ha sido amable conmigo. Me ha colmado de amabilidad, de gran amabilidad, una y otra vez, en muchas vidas previas. Y no solo ella; cada ser consciente ha sido mi madre en mis vidas pasadas y entonces no se ocupó menos de mí de lo que se ha ocupado mi madre presente –solo que las transiciones desde la muerte al nacimiento no me dejan reconocer a estas madres ahora–.

Ved también, concluyó nuestro Lama, de qué modo cualquier animal –un perro o un pájaro, incluso un diminuto gorrión– muestra afecto por sus crías y se ocupa de ellas. Observándolo podremos entender qué clase de amabilidad nos ha prodigado.

El siguiente paso para conseguir el deseo por la Iluminación es hacer crecer el deseo por corresponder a tanta amabilidad. Entonces, cada ser es mi madre y desde tiempo sin principio me ha prodigado su cuidado amoroso una y otra vez, repetidamente. Sabemos por lo que se ha descrito que cuatro corrientes poderosas los arrastran al mar –a la vasta extensión del océano de la vida cíclica–. Se ven atormentados sin descanso por los tres tipos de sufrimiento y los demás padecimientos. Su situación es desesperada.

Y aquí estoy yo, su hijo. Precisamente ahora tengo la oportunidad de rescatarlos del océano de la vida cíclica. Imagina que me limito a sentarme y dejar pasar el tiempo sin pensar en ellos. Sería la mayor bajeza en que puede caer una persona. Una verdadera vergüenza.

Ahora mismo les podría dar algunas de las cosas que anhelan; comida, ropa, una cama para dormir, lo que fuera. Pero sólo sería felicidad temporal en la vida cíclica. La forma más elevada de devolver su amabilidad es llevarlos al estado de la felicidad última. Por ello, debo determinarme a que cada ser consciente llegue a disfrutar de felicidad absoluta y sea libre de cualquier forma de dolor.

En estos momentos, sería absurdo afirmar que los seres disfrutan de alguna forma de felicidad pura –ya que ni tan siquiera tienen felicidad impura–. Cualquier cosa a la que ellos llaman felicidad es, en esencia, solo dolor. Quieren todo aquello que es deseable, pero no quieren saber nada de hacer buenos actos para obtener felicidad. No quieren lo que es indeseable, pero no les interesa oír hablar de abandonar los malos actos que producen dolor. Actúan al revés de cómo deberían: no hacen lo que deben, pero hacen lo que no deben. Así, mis ancianas madres queridas, estos seres conscientes están hechos para sufrir.

> Cuán maravilloso sería si todos pudieran encontrar la felicidad y la causa de felicidad. Deseo que puedan. Haré que la tengan.

> Cuán maravilloso sería si todos pudieran estar libres de dolor y de la causa del dolor. Deseo que puedan. Haré que lo logren.

Deja que estas dos corrientes de pensamientos corran por tu mente, medita en ellos una y otra vez y llegarás a sentir con intensidad el amor bondadoso y la compasión.

Algunas personas podrían argumentar "¿Por qué debería adoptar la pesada carga de liberar a todos los seres conscientes? Ya hay muchos budas y bodhisatvas para guiarles en su camino". Dichos pensamientos, no obstante, son del todo impropios. Son indignos. Una vergüenza. Es como si tu madre actual padeciese hambre y sed y esperaras que el hijo de otra madre le diera de comer y beber. Es a ti a quien ella ha cuidado, y la responsabilidad de corresponder su amabilidad es toda tuya.

Lo mismo sucede con todos los seres vivos que, desde tiempo sin principio, han sido mi madre innumerables veces y en cada una de estas ocasiones me han cuidado de todas las formas posibles con la amabilidad de mi madre presente. Devolver su amabilidad no le corresponde a nadie más que a mí; ni al Buda, ni a los bodhisatvas. Es responsabilidad mía y solo mía.

Alguien tiene que hacerlo –asegurarse de que cada ser tiene toda la felicidad y ningún sufrimiento– y este voy a ser yo, sin depender de nadie más. Yo mismo voy a ocuparme de que cada ser tenga toda clase de felicidad. Yo mismo haré posible que se liberen de cualquier dolor. Yo mismo los llevaré al estado del Lama, el estado de la Budeidad. Medita enérgicamente en estos pensamientos; esta es la etapa denominada "la forma extraordinaria de responsabilidad personal".

Quizá pueda llegar a desarrollar esta intención tan noble, pero lo cierto es que soy del todo incompetente para dirigir a una sola criatura a la Budeidad –y mucho menos a todas ellas–. ¿Quién tiene esta capacidad? Sólo un buda plenamente iluminado. Si yo puedo llegar a ese mismo estado, por definición habré llegado a la perfección tanto en beneficio propio como en favor de los demás. Entonces, cada rayo de luz que emane de mí, tanto si es un acto de mi cuerpo, de mi palabra o mi pensamiento, tendrá el poder de realizar los anhelos de incontables seres conscientes.

Así, para beneficio de todo ser consciente, haré cuanto esté en mi mano para conseguir este gran objetivo –el estado de un buda– lo más rápido que pueda. Piensa de este modo y haz todo lo posible para desarrollar el deseo genuino de alcanzar la Iluminación para cada ser consciente.

Mientras practicas estas meditaciones para desarrollar el deseo de obtener la Iluminación, también puedes reflexionar en el hecho de que, al obtener la Budeidad, automáticamente obtendrás todo lo necesario para ti. Nuestro Lama mencionó que en la exposición del Noble Tsongkhapa de las Etapas del sendero este punto queda claramente indicado y ello ha sido muy beneficioso para impedir que una persona caiga en el camino menor.[134]

Las tres primeras de las siete etapas que conforman esta instrucción de causa y efecto proporcionan el fundamento para despertar la gran compasión. La "hermosa" forma de amor bondadoso surge como resultado de esas tres, por lo tanto, no hay una instrucción de meditación específica para ello.[135] En su lugar, uno debe meditar en el amor bondadoso que desea toda la felicidad posible para los seres.

El amor bondadoso, la compasión y la responsabilidad personal extraordinaria, son aspectos de esa actitud de esforzarse por beneficiar a los demás. El deseo de conseguir la Iluminación es su resultado. Los trabajos sobre las Etapas del sendero tienen una estructura parecida.

Los senderos para las personas de capacidad inicial y media son preliminares para desarrollar el deseo de conseguir la Iluminación. La enseñanza sobre cómo meditar en este gran deseo es la etapa principal. Para concluir, siguen las secciones sobre las actividades del bodhisatva –consejos para poner en práctica el deseo de llegar a la Iluminación–.

Cuando practicas con el propósito de desarrollar el deseo por la Iluminación, deberías adiestrar tu mente en la naturaleza básica de este deseo y en sus diversos atributos: estos son, las veintidós formas del deseo, la distinción entre el deseo que aspira y el deseo que se implica y otros.[136]

Esta joya preciosa, el deseo de obtener la Iluminación para beneficio de todos los seres, es la esencia misma de las elevadas enseñanzas de los Budas vencedores; es la contemplación principal de cada uno de sus hijos, los bodhisatvas. Tal y como la *Vida del Bodhisatva* relata:

Es la más pura esencia de la mantequilla, extraída al batir la palabra santa.

También leemos

Los Nobles Sabios que lo han considerado durante eones, saben de sus beneficios[137].

Nuestro gentil protector, el gran Tsongkhapa también compuso las líneas que empiezan: "Viga maestra del sendero más elevado, el deseo…" y concluye con "…los príncipes bodhisatvas sabiendo esto/Hacen de este deseo que es como una preciosa joya, su práctica principal".[138] Lo que el Noble que todo lo conoce describió como "practica principal" era, ni más ni menos, este precioso deseo de obtener la Iluminación. Por lo tanto, si queremos convertirnos en seguidores del sendero mayor hemos de adoptar como nuestra práctica principal el deseo de conseguir la Iluminación.

Hoy en día, cuando te acercas a alguien y le preguntas cuál es su práctica principal, te dirá que medita en alguna poderosa deidad tutelar; no encuentras a nadie que diga que su práctica mayor es meditar en el deseo de obtener la Iluminación para beneficio de todos los seres. De hecho, es incluso bastante difícil encontrar a alguien que se dé cuenta de que este deseo debería ser su práctica principal.

Vemos personas que a cualquier cosa le llaman practica principal: el Ritual de Eliminación para deshacerse de malos espíritus, el ofrecimiento del Té Dorado, el Embrujo para terminar con cualquier Disputa Maligna, el ritual que denominan Detener todos los Perjuicios, el Embrujo del Cordero, el Embrujo del Caballo, el Embrujo del Mono, el ritual para que Cesen los Problemas, el ritual para Cortar la Mala Suerte al final del Ciclo de Doce Años, el ritual para Impedir que la Oración de los demás se Convierta en Maldición, etc. Estas prácticas son tan nefastas que hacen que te parezca bien incluso cuando alguien te cuenta que su práctica principal es todo lo relacionado con una deidad tutelar.[139]

También vemos un buen número de tratados que se están haciendo populares en diferentes localidades y que no parecen ser más que fruto de la imaginación de alguien: La Cuerda de Joyas para los Atados por la Sangre, la Cuchilla de Oro para Confesar los Pecados, el así llamado Sutra del Perro, el Sutra del Lobo, el Sutra del Zorro, el Sutra del Oso, el Sutra de la Serpiente y tantos otros. Sin embargo, ninguno de estos tiene un origen legítimo en absoluto.

Si realmente necesitas un texto que te haga confesar tus malos actos, debes dejar de perder tiempo con escrituras falsas y esfuerzos absurdos como estos. Los Vencedores, a través de sus enseñanzas públicas y secretas, nos han proporcionado una cantidad más que suficiente de tratados fidedignos: El *Sutra de los Tres Montones*, el *Sutra de la Medicina Sublime*, el *Sutra de la Gran Liberación*, el *Sutra del Eón Afortunado* y otros parecidos.[140] Son esta clase de textos, dijo nuestro Lama, rigurosos y de origen legítimo, los que necesitamos para llevar a cabo nuestro estudio y recitaciones.

También algunos piensan: "Pero, yo ya *tengo* el deseo de obtener la Iluminación, después de todo, cuando empiezo mis ruegos siempre recito la oración al Buda, Dharma y Sangha[141] con el deseo de alcanzar la Budeidad para poder ayudar a todo ser consciente". Sin embargo, solamente se expresa el anhelo de conseguir el deseo de obtener la Iluminación –no es más que una oración para conseguir este deseo–. No es el deseo mismo. Si lo fuera, alcanzar el deseo de obtener la Budeidad sería la más fácil de todas las prácticas virtuosas que, supuestamente, intentamos llevar a cabo. Y, por tanto, concluyó nuestro Lama, debemos conseguir este deseo verdadero sumergiendo nuestras mentes en los adiestramientos antes descritos, uno tras otro, siguiendo cada una de las etapas, por orden.

intentamos llevar a cabo. Y, por tanto, concluyó nuestro Lama, debemos conseguir este deseo verdadero sumergiendo nuestras mentes en los adiestramientos antes descritos, uno tras otro, siguiendo cada una de las etapas, por orden.

XIII

Cómo saber cuándo has encontrado el deseo de obtener la Iluminación

AQUÍ LLEGAMOS A LA tercera y última sección de nuestra explicación acerca del deseo de obtener la Iluminación: cómo darte cuenta de que, por fin, lo has desarrollado. Este tema se cubre con toda riqueza de detalles en varios trabajos incluyendo las dos presentaciones, breve y extensa, de las *Etapas del sendero a la Iluminación*, en las cuales se utiliza material del primero de los *Estadios de la Meditación*.[142] Para abreviar, supón que una madre ve que su querido hijo cae en un foso de ascuas de carbón ardiente. El fuego quema su cuerpo y, no pudiendo soportar la escena ni por un segundo, se arroja ella misma a rescatarlo.

Todas las criaturas del universo, todas nuestras queridas madres se queman del mismo modo en el insoportable dolor de los tres reinos inferiores y en el círculo de vidas en general. Cuando no lo podamos soportar un segundo más, cuando finalmente sintamos el verdadero deseo de alcanzar con la mayor celeridad la Iluminación total para ayudar a cada ser consciente, entonces –concluyó nuestro Lama– podrás afirmar que has conseguido el deseo de obtener la Iluminación.

Tercer sendero:
La visión correcta

XIV

Por qué necesitas la visión correcta

LLEGAMOS AHORA A LA tercera de las cuatro partes que componen el cuerpo principal del tratado: la explicación de la visión correcta. Tiene cinco secciones; la primera, donde se explica por qué es necesario meditar en la visión correcta, se expresa así en el siguiente verso del texto raíz.

(9)

Puedes dominar la renuncia y el deseo por la Iluminación, pero a menos que poseas la sabiduría que percibe la realidad, no podrás cortar la raíz de la vida cíclica. Esfuérzate en los medios para percibir la interdependencia.

Lo que dice el verso es lo siguiente: "a menos que poseas esta profunda visión correcta de la vacuidad" —a menos que tengas la sabiduría que percibe la realidad o verdad última— no podrás eliminar la raíz de la vida cíclica, es decir, aferrarse a una "entidad con naturaleza propia, autoexistente, esencial", por más que te esfuerces en la renuncia perfecta y en el deseo por la Iluminación (y las demás prácticas del "método"). Es así porque dichas prácticas solas no actúan como antídoto directo contra tu aferramiento.

Y esto no es todo. La persona que carece de esta profunda visión podría alcanzar varios niveles hasta llegar al primero de los cinco senderos del vehículo mayor, el sendero de acumulación, valiéndose solo de la renuncia y el deseo por la Iluminación. Pero no podría llegar más lejos. Si fuera un seguidor del vehículo menor, ni tan siquiera podría alcanzar el segundo sendero de esta categoría, el sendero de "preparación."[143]

En cambio, supón que tu mente está colmada del pensamiento de la renuncia y del deseo de obtener la Iluminación para cada ser consciente, y además abres tus ojos a esa visión profunda. Entonces sí serás capaz de obtener los diversos niveles y senderos del vehículo mayor, desde su segundo sendero (también denominado "preparación") en adelante. A partir de este momento todo lo que hagas adquiere un poder muy especial que te traslada al estado de libertad y conocimiento absolutos.

Todos los aquí presentes nos hemos determinado a liberar a los seres conscientes, pero, a menos que encontremos un modo eficaz para hacerlo, no será más que una noble intención. Por ello, ya desde los mismos inicios debemos enfocarnos hacia esta perspectiva: "Voy a encontrar el sentido último de la visión profunda que corta la raíz de la vida cíclica". Existe una clase de visión correcta denominada "mundana" con la que comprendes bien la ley de las acciones y sus consecuencias. Esta visión, por sí sola, no es suficiente. A nivel último está vinculada, por cierto, a la visión que comprende que no existe una entidad autoexistente o esencial.

Algunos sabios no budistas pueden alcanzar un estado de meditación profundo y unipuntualizado –y obtener los ocho niveles de concentración y la ausencia de forma[144]–. Pero les falta la visión correcta que les permite comprender que los fenómenos autoexistentes –con existencia propia, intrínsecos e independientes– no existen y, como consecuencia de ello, ni siquiera pueden reducir un poco las emociones dañinas –y mucho menos eliminarlas–. Como dice el sutra llamado el *Rey de la Concentración*

> Los mundanos meditan en la concentración, pero no destruyen el concepto de identidad autoexistente. Esto alimenta sus pensamientos insanos, los agita y terminan como en la meditación de Udraka.[145]

Nuestra tendencia de aferrarnos a alguna "entidad autoexistente, con existencia propia" es la raíz misma que produce nuestra vida cíclica. Para eliminar esta raíz debemos desarrollar la visión que percibe que dicha entidad no existe. Tal y como el mismo tratado señala:

> Supón que analizas, ves la no autoexistencia de las cosas, y supón que meditas en lo que has visto: Esto es lo que te lleva a obtener el Nirvana —solo esto puede dirigirte a la paz—.

Para tener libertad debes eliminar de raíz este aferramiento a una "entidad autoexistente, una existencia esencial". Para conseguir eliminarlo debes meditar en que nada tiene dicha entidad: debes encontrar un sendero o un punto de vista que sostenga las cosas de manera completamente opuesta al modo en que ahora te aferras a ellas viéndolas con una "identidad autoexistente". Puedes esforzarte todo lo que quieras en prácticas como la caridad, la moralidad, etc., pero sin meditar en la ausencia de dicha entidad autoexistente nunca podrás alcanzar la libertad. Tal y como afirman los *Cuatrocientos Versos:* "No hay una segunda puerta hacia la paz".[146] Esta sabiduría que percibe que la autoexistencia —la identidad o existencia esencial— no existe, es otro "sin ella, nada consigo" con respecto a liberarnos de la rueda de la vida.

La sabiduría en sí misma, sin embargo, tampoco es suficiente. La compasión es también un "sin ella, nada consigo". Y por esto decimos que debes poseer "el método" y "la sabiduría", nunca el uno sin el otro. Tal y como leemos en el *Sutra de Vimalakirti:*

> La sabiduría que no está empapada del método es esclavitud. La sabiduría empapada del método es libertad. El método que no esté empapado de sabiduría es esclavitud. El método empapado de sabiduría es libertad[147].

El resultado al que aspiramos son los dos cuerpos de un ser iluminado: el "cuerpo del Dharma" y el "cuerpo de la Forma". Para conseguirlos es preciso fusionar perfectamente las dos grandes acumulaciones de bondad. Para ello debemos apoyarnos en el método y la sabiduría, uno siempre junto al otro.

Como nuestro glorioso salvador, el ser realizado Nagarjuna ha escrito:

> Por esta virtud, puedan todos los seres completar la acumulación de mérito y sabiduría. Puedan ellos obtener los dos últimos (Cuerpos) que son producto del mérito y la sabiduría[148].

El ilustre Chandrakirti también dejó dicho:

> Con las alas de lo convencional y lo real desplegadas, el rey de los gansos vuela en el centro de la formación junto a los demás. Todos los seres, espoleados por el viento de la virtud, alcanzan la lejana orilla del océano de cualidades de los Vencedores[149].

Aquí la palabra "convencional" se refiere al "método", al deseo de obtener la Iluminación para todo ser; "real" se refiere a la "sabiduría" –es decir, la visión correcta–. Un gran pájaro puede elevarse por el cielo sin obstáculos gracias a sus dos alas, del mismo modo la persona que quiere viajar a la orilla más lejana, donde poseerá cada una de las cualidades de los Budas Vencedores debe contar con el método y la sabiduría –el deseo por la Iluminación y la visión correcta– y mantenerlos juntos. Una persona que tiene uno sin el otro es como un pájaro con un ala rota. No puede emprender el viaje.

"¿Cómo puedo conseguir esta visión?" Te puedes preguntar. No te servirá cualquier cosa: más bien has de seguir alguna de las escrituras enseñadas por los Conquistadores iluminados – una enseñanza verdadera y que trate lo "literal"–.

En general hacemos distinción entre enseñanza "literal" y "figurativa": es "literal" cuando su naturaleza es última, y es "figurativa" cuando su naturaleza no es última. Las escrituras "literales" son las que tratan principalmente de la verdad última, mientras que los otros tipos de escrituras se denominan "figurativas".

No todos los sabios de antaño eran capaces de clarificar el significado verdadero de las escrituras literales y figurativas. Para comentar la intención verdadera de lo "literal" fue necesaria la intervención del salvador Nagarjuna, como ya predijeron los mismos budas. Él tuvo la habilidad de introducir un sistema completo para clarificar lo "literal" y la visión profunda, tal y como pretendían los Budas Vencedores. Lo hizo a través de la *Raíz de la Sabiduría* y otros trabajos en su aclamado "Colección de Razonamientos del Camino Medio", todo ello basado en la escritura conocida como *La Comprensión que no Cesa*.[150]

Mas tarde aparecieron los maestros, Budapalita, autor del comentario que lleva su nombre, y Aryadeva, que compuso los *Cuatrocientos Versos sobre el Camino medio* y otros títulos. Y especialmente el maestro Chandrakirti que, siguiendo el propósito del ser realizado Nagarjuna, escribió varios trabajos, entre ellos *Una Clarificación de las Palabras* (que explica las palabras de *La Raíz de la Sabiduría* del maestro Nagarjuna) y *Entrar en el Camino Medio* (que aborda el significado de la *Raíz*).[151]

Aquí, en la Tierra de las Nieves, el Tíbet, fue el gentil protector Tsongkhapa y solo él, quien elucidó con precisión absoluta y sin el menor rastro de error, el verdadero sentido de estos tratados. Por lo tanto, vosotros y yo deberíamos seguir el excelente sistema del más elevado de los seres realizados, Nagarjuna, y de sus hijos espirituales. Deberíamos apoyarnos en los grandes textos del omnisciente Noble Tsongkhapa y en sus ilustres y maravillosas palabras. Tal y como señala *Entrar en el Camino Medio*:

> No hay camino hacia la paz para los que se han apartado del sendero, del sistema enseñado por el Maestro Nagarjuna. Han perdido las verdades, la convencional y la real. Quienes han perdido las verdades no pueden ser libres[152].

El incomparable Atisha también ha dicho:

> El estudiante de Nagarjuna fue Chandrakirti. Las instrucciones transmitidas por ellos te hacen ver la realidad, la verdad[153].

Puedes ver, pues, que este profundo punto de vista acerca de las cosas es indispensable tanto en las enseñanzas públicas como en las secretas.

Hablando en general, hubo cuatro grandes escuelas del pensamiento budista que provenían de la India –la "tierra del Realizado"–. Los miembros de la sección Vatsiputriya de la escuela Detallista[154] sostienen que aquello que tratamos de comprender como no existente es cualquier yo estático, singular e independiente.

Otros miembros de la escuela Detallista, así como la escuela "de las Escrituras"[155] sostienen que lo que tratamos de negar es, aquello que puede subsistir por sí mismo, que existe de un modo sustancial.

La escuela "Solo Mente"[156] sostiene que aquello que tramos de comprender como no existente es cualquier ejemplo de un sujeto que sostiene un objeto y de un objeto sostenido por un sujeto que sean de una "sustancia"[157] diferente.

La conocida como "Independiente", una parte de la escuela del Camino Medio,[158] sostiene que lo que tratamos de refutar es un objeto que existe de su propio lado, en lugar de haber sido establecido como existente, simplemente por haber aparecido a una consciencia válida.[159]

Finalmente, la sección "Implicación" de la escuela del Camino Medio[160] sostiene que aquello que tratamos de ver como no existente es un objeto que existe por su propio lado, en lugar de existir simplemente gracias a un concepto proporcionado por nosotros mismos.

En los versos de los *Tres Senderos Principales* nuestro gentil protector, el gran Tsongkhapa, nos anima a intentar percibir la interdependencia, como dice la línea, *esfuérzate en los medios para percibir la interdependencia*. Esto es lo que nos dice en lugar de: "Esfuérzate en los medios para percibir la vacuidad", y ello obedece a una razón extremadamente importante.

Las diferentes escuelas tienen diferentes maneras de explicar la "interdependencia". El grupo Funcionalista"[161] sostiene que cuando algo es "interdependiente" se debe a que ha surgido de diversas causas y condiciones. Esta afirmación no les permite establecer la interdependencia de los objetos que son estáticos y no tienen causas.

El grupo "Independiente" tiene una manera un poco mejor de describir la interdependencia. Afirman que una cosa es interdependiente siempre y cuando existe dependiendo de sus partes. De este modo pueden establecer la interdependencia tanto de los objetos transitorios como de los objetos estáticos: tanto para los que tienen causas como para los que carecen de ellas.

La manera en que el último grupo, el que denominamos de la "Implicación", decide si algo es interdependiente o no es más sutil que todas las demás. Sostienen que algo es interdependiente cuando tenemos dos cosas –una base razonable sobre la que otorgar un nombre y una idea razonable que nominar– y la consecuencia es un objeto al que hemos dado un nombre.

Esta forma sutil de interdependencia no es, en sí misma, la manera de percibir la vacuidad, pero hay una buena razón para presentar la interdependencia –la interpretación de la causa y el efecto aceptada por todas las escuelas– aquí, justo al principio.

En primer lugar, impide que los estudiantes caigan en el extremo contrario, el de creer que si todas las cosas son vacías no pueden existir en absoluto.

En segundo lugar, una comprensión correcta de la interdependencia conduce hacia la percepción de la vacuidad.

Y así, concluyó nuestro Lama, existe un motivo crucial para presentar las instrucciones de la interdependencia al principio –son el primer peldaño para llegar a percibir la vacuidad–.

XV

¿Qué es la visión correcta?

L A SEGUNDA DE LAS cinco secciones de nuestra exposición sobre los tres senderos principales nos remite a la pregunta: ¿qué es la visión correcta? La respuesta aparece en el siguiente verso del texto raíz:

(10)

Una persona ha entrado en el sendero que complace a los budas, cuando, en todos los objetos del ciclo o más allá, ve que la causa y el efecto nunca fallan. Y cuando éstos pierden toda su sólida apariencia.

La línea que dice, *cuando en todos los objetos,* nos introduce al tema a considerar: lo que veremos es el vacío. Las palabras, *causa y efecto* nos llevan al razonamiento lógico clásico para probar que los cosas son vacías: "porque son interdependientes".

La línea que dice, *pierden toda su sólida apariencia* nos presenta la premisa que debe ser demostrada por la razón.

La expresión *todos los objetos* se refiere a cada uno de los objetos, desde la materia física básica hasta la omnisciencia de un buda. Todos existen dependiendo de sus partes, por ello se puede decir que su *causa y efecto nunca pueden fallar.*

La antítesis, que pretendemos rebatir, es que estos objetos tengan la existencia sólida que parecen tener: que existan de manera genuina, por su propio lado. *Cuando pierden toda su sólida apariencia* –es decir, cuando percibimos que no hay una sola cosa en el universo que tenga existencia genuina, esencial o verdadera –hemos encontrado *el sendero que complace a los budas.*

Si buscamos la raíz que nos mantiene atados, a vosotros y a mí, al círculo de la vida, damos con la ignorancia, con nuestro aferramiento a la "identidad autoexistente, esencial, verdadera". Para cortar esta raíz debemos desarrollar la sabiduría con la que comprendemos que "lo autoexistente" no existe. Si tuviésemos que plantear la ausencia de existencia propia, de manera detallada, tendríamos que emplear varias secciones de los tratados sobre las Etapas del sendero; un ejemplo sería el "análisis en cuatro puntos".[162]

Aquí, no obstante, sólo haremos una breve presentación de los puntos más vitales acerca de la visión correcta, y usaremos el razonamiento clásico basado en la interdependencia.

Cualquier objeto existente es resultado de algo que nominar y de algo que nomina. No existe un solo átomo en el universo que no se valga de este proceso –nada existe por su propio lado–. Yo mismo también soy un producto: se han unido dos elementos –mi cuerpo y mi mente– y se han nominado "yo". Yo no soy más que esto. No hay un "yo" que exista por su propio lado; no hay un "yo" que no dependa de que alguien sobre la base de mi cuerpo y mi mente, confiera el nombre. De hecho, ni mi cuerpo ni mi mente existen por su propio lado. Esto lo podemos expresar con una afirmación lógica clásica:

> Considera todos los objetos, los del ciclo y los que están más allá. No tienen una existencia sólida y verdadera como creo; no pueden existir por su propio lado, porque son interdependientes.

A lo que nos referimos cuando decimos "interdependencia" es a que todos los objetos están interrelacionados entre sí, y dependen unos de otros. Es decir, surgen en dependencia de otros objetos. Y por esto, es absolutamente imposible que puedan existir por sí mismos.

Tomemos, por ejemplo, la manera en que nominamos al maestro cantor de un monasterio, o al gobernador de un distrito, o cualquier personaje similar. Primero debe existir una base razonable para nominar "maestro cantor": debe haber una persona merecedora de ser el maestro cantor. También debe haber alguien, como el abad del monasterio, que diga "a partir de ahora éste será el maestro cantor". Hasta que el abad no lo afirme, hasta que el abad no aplique el nombre y el concepto a esa persona, no podrá ser llamado maestro cantor –aunque tenga todas las cualidades requeridas para ser nominado "maestro cantor"–.

Si este no fuese el caso, y si la persona fuera un maestro cantor desde el principio, por sí mismo, sin la necesidad de que nadie le otorgara el nombre o la idea, entonces tendría que haber sido maestro cantor desde siempre –desde el tiempo en que estaba en el seno de su madre–. Y al nacer, todos habrían dicho, "¡aquí está el maestro cantor! Pero la gente no lo dijo porque llegar a ser el maestro cantor depende de muchos otros factores. No le llamamos a alguien "maestro cantor" hasta tener una base para conferir ese nombre –un monje indicado para ser maestro cantor– y hasta que una persona autorizada para darle el nombre se lo da diciendo: "este es el maestro cantor".

Hasta este momento tampoco la persona en cuestión ha pensado "soy el maestro cantor". Pero, una vez se le aplica el concepto "eres el maestro cantor" la gente empezará a referirse a él como al "maestro cantor", y él también dirá "soy el maestro cantor".

El caso sería idéntico con un caballo. Juntamos el cuerpo y la mente de un caballo –éstas son todas las causas y condiciones apropiadas– y les adjudicamos el nombre "caballo". Lo mismo con un edificio: no es más que un nombre adjudicado a un conjunto de partes que actúan como base para recibir dicho nombre.

Y lo mismo sucede para cualquier fenómeno: "a esto lo denominamos así y a aquello lo denominamos asá". No es más que un nombre y un concepto aplicado al conjunto de partes que actúa como base del nombre. No existe la más mínima porción de algo que sea un objeto por sí mismo, divorciado de las partes a las que se les da el nombre.

"Pues bien" –podrías pensar– "si un objeto no es más que lo que se etiqueta, entonces puedo salir a la calle y llamar cobre al oro, o cántaro a la columna y esto es lo que serían". Pero no; decimos que las cosas no son más que una etiqueta, sin embargo, para que la etiqueta pueda ser aplicada, la base que la recibe debe adecuarse a la etiqueta en cuestión.

Cuando aplicamos una etiqueta deben estar presentes tres condiciones. Son las siguientes: 1) el objeto debe ser conocido por una percepción convencional; 2) ninguna otra percepción convencional puede negar su existencia; y 3) tampoco un análisis último puede negar su existencia. Estas tres condiciones han de estar presentes.

Ahora vamos a ver lo que significa que una percepción convencional ha sido negada por otra. Pongamos que estoy de pie mirando un espantapájaros que se encuentra a cierta distancia, alguien me dice, "allí hay un hombre" y le creo. Luego viene otro y nos dice "tan solo es un espantapájaros". Nuestra percepción inicial de que aquello era un "hombre" se desvanece. Esto indica que la base no era coherente con el nombre imputado.

Y todavía hay más, se puede ir de un lado a otro imputando todo tipo de nombres, podemos decir "los conejos tienen cuernos" pero esto no va a hacer que tales cuernos existan: no es una base coherente para otorgar una etiqueta. Por lo tanto, necesitamos un estado mental coherente y convencional que aplique un nombre a un conjunto racional de partes que actúan como la base a la que damos nombre –y que, en realidad, existe–.

De ese modo también cuando tenemos que nominar a alguien como gobernador de un distrito hace falta una persona apropiada para recibir el título –debemos tener una base coherente para otorgarle la etiqueta–. No escogeríamos a un analfabeto para nombrarle gobernador.

Si cualquiera de estas cosas existiera por su propio lado, no dependería del conjunto de partes que nominamos y cada una tendría que existir ya, por su propio lado. Pero esta no es su naturaleza: las cosas sólo pueden existir dependiendo de un conjunto de partes al que nominamos. Y por esto no existen por su propio lado, no existen de modo esencial y no existen verdaderamente.

Podemos coger a algún dirigente local; será un dirigente mientras le llamemos "dirigente". No existe allí afuera, por su propio lado. Sin embargo, a nosotros, nos parece que el dirigente sí existe afuera, por sí mismo, y asentimos a esta apariencia. Un jefe que pudiera existir tal y como creemos que es, precisamente, es lo que no existe y que queremos llegar a comprender.

Lo mismo sucede con el "yo". No es algo que exista afuera, como por encima de mi cuerpo y mente. Es solo algo que se me aparece porque le he dado un nombre: he cogido el conjunto de mis distintas partes y les he puesto la etiqueta, el concepto "yo". El "yo" es solo un nombre.

El proceso de etiquetar es así. La base a la que se le otorga un nombre existe afuera. Nosotros proporcionamos el concepto que da el nombre y el nombre en sí. Ya tenemos algo etiquetado –y no es más que esto–.

Podemos ilustrar esta idea con un edificio en construcción. Supongamos que alguien acaba de levantar tres estancias nuevas, cada una tiene el mismo atractivo diseño. No podemos hablar de "los dormitorios" ni de cualquier otra función desde el principio, antes de que se les haya otorgado sus diferentes nombres. Pero llega el propietario y le da un nombre diferente a cada estancia: "ésta servirá como dormitorio y ésta otra será la cocina". Sólo después pensamos para nosotros "estos son los dormitorios" o "esta es la cocina" –solo a partir de entonces puede cada espacio existir como tal–. Podemos tener una base para un nombre –un grupo de estancias– pero hasta que no las nomine quien les da el nombre, no lo son. De modo que un edificio no es más que algo etiquetado con un nombre y un concepto. Y no estamos hablando sólo de edificios; ocurre lo mismo con cualquier entidad existente: debemos considerarla como un producto del proceso etiquetador y no como la base que recibe la etiqueta.

Esto se aplica también al "yo" convencional –sólo existe en la medida en que lo etiqueto con un concepto–. Todos tendemos a pensar en el "yo" como en algo más que la mera elección de un nombre; tenemos una vívida imagen mental del mismo como si estuviera allí afuera, por su lado, como un experimentador íntimo de sentimientos, de placer, dolor, o lo que sea. Al estado mental que se aferra de tal modo a este "yo" le llamamos, "el aferramiento innato a un yo autoexistente o con existencia propia", también llamado, "la visión innata destructible"[163] o "visión de lo compuesto y transitorio". Este "yo" tan vívido que se sostiene a sí mismo, y al que dicho estado mental se aferra, es la autoexistencia que hemos de negar. Tal y como también ha dicho el glorioso Chandrakirti:

> Lo que llamamos "autoexistencia, existencia propia o esencial" es la naturaleza o estatus de cualquier objeto que no depende de nada. La inexistencia de esto es la "no autoexistencia".[164]

Ahora, el yo convencional –el que sí existe– solo es algo que hemos creado gracias a una etiqueta, usando una base para etiquetar, y una idea que conferir a la etiqueta. A esto se refieren aquellas líneas del ritual del Atemorizante Secreto, que empiezan así: "Puesto que cada objeto etiquetado, depende…"[165] El mismo sentimiento se expresa en otros lugares, en el ritual para la enseñanza secreta del Gozo Más Elevado: "Como una ilusión, simplemente etiquetado con un concepto".[166]

Si entramos en el detalle minucioso, no debemos analizar la manera en que los objetos aparecen ante nosotros, sino más bien en cómo nos aferramos a ellos. Lo mismo en cuanto al objeto cuya no existencia queremos establecer: no vamos a negar lo que aparece ante nosotros, sino más bien aquello a lo que nos aferramos. Este podría ser nuestro refrán:

Permíteme comprender: Que las cosas son etiquetadas, creadas por los conceptos. Que sólo pueden existir sobre la base receptora de un nombre y de alguien que nomina. Que existen en dependencia de muchos otros factores; que no existen allí afuera, por sí mismas.

Hablemos pues sobre aquello cuya no existencia llegaremos a comprender, en términos del objeto al que nos aferramos. Cuando empezamos a examinar si existe o no, la imagen que viene a la mente no es la del "yo" que hemos creado con nuestras etiquetas, sino más bien un "yo" que *parece existir* allí afuera, por sí mismo. Por tanto, el objeto al que nos aferramos no es el "yo", entendido como una simple etiqueta aplicada a nuestro cuerpo y mente, sino más bien un "yo" que parece existir allí afuera por sí mismo, sobre el conjunto del cuerpo y la mente.

Pongamos un ejemplo; se está haciendo de noche y ves un trozo de cuerda con unos dibujos rayados. De inmediato le pones un nombre y piensas para ti "¡Oh, esto es una serpiente!". Después, te olvidas de que has sido tú quien le ha puesto el nombre y empieza a *parecer* que hay una serpiente, allí afuera, por sí misma. Lo que tratamos de establecer como inexistente *no es* lo que parece ser en este momento. Más bien lo que queremos negar es *aquello a lo que nos aferramos*: que esta cosa que sostenemos pueda existir tal y como nos parece que existe.

Lo mismo sucede cuando investigamos la idea del "yo". Supón que alguien te llama por tu nombre. En principio, el "yo" que aparece ante ti es el convencional: piensas "me está llamando". Pero luego quien te llama dice: "Así que tú eres el ladrón", o algo parecido. Entonces el "yo" empieza a hacerse más y más fuerte. Empiezas a pensar ¿Por qué me señala con el dedo? No fui yo quien le robó. No puede culparme a MI". Empiezas a decir "yo, "yo", y el "yo" comienza a parecer un "yo" capaz de sostenerse por sí mismo, un "yo" muy vívido.

No estamos negando la existencia del "yo" corriente, convencional, el que apareció al principio. Tampoco negamos aquel "yo" que aparecía sosteniéndose a sí mismo, el que parecía existir verdaderamente. Ni negamos el "yo" que se sostiene a sí mismo y que existe verdaderamente. Más bien, lo que estamos negando es que ese "yo" *pueda* sostenerse a sí mismo, que el yo, de hecho, *pueda* existir de modo esencial: Estamos negando cualquier "yo" que *pueda*, de hecho, existir de modo esencial o intrínseco: negamos cualquier "yo" que, de hecho, *pueda* existir de modo esencial o independiente.

Y cuando niegas este "yo", cuando te das cuenta de que no existe. Cuando para ti este "yo" tan vívido que está allí afuera, por si mismo, que no necesita apoyarse en la mente ni el cuerpo, cesa, todo lo que queda es la simple vacuidad del "yo". Entonces, tal y como afirman los sabios, has encontrado por primera vez la "visión del camino medio". Y así has encontrado el "sendero que complace a los Vencedores".

Cuando llevas a cabo este tipo de análisis y buscas ese algo que tiene nombre, no podrás encontrar ni un solo átomo de nada en el universo que exista por sí mismo. No obstante, todo el funcionamiento normal del mundo es bastante lógico y adecuado; unas cosas hacen posible que sucedan otras, las cosas sirven para lo que sirven, pero solo de un modo aparente, de un modo convencional con el que estamos de acuerdo.

Un edificio, por ejemplo, puede ser un edificio sin tener ni un átomo de existencia "verdadera"; y aún y así, mientras las causas y las condiciones para que exista de ese modo estén juntas —mientras exista únicamente gracias a un nombre y a un concepto al respecto— puede servir para todo lo que un edificio se supone que sirve, y ser perfecto como tal. El reflejo de un objeto en un espejo nunca podrá ser más que algo que aparece a la mente y recibe un nombre; nunca merecerá la consideración de ser el objeto en sí, aunque pueda exhibir todo el funcionamiento normal de la causalidad: el reflejo no es más que una aparición, pero puede mostrarte si tienes la cara sucia o lo que sea. Por ello decimos que, para que una cosa exista es suficiente con que "exista convencionalmente;

pero el hecho de que no exista a nivel último no basta para afirmar que no existe".

Cualquier persona que entienda la interdependencia tal como se ha descrito, empieza a desarrollar un fuerte convencimiento acerca de las leyes de los actos y sus consecuencias –y éstas se vuelven más y más importantes para él o ella–.

Esto se debe a que, en primer lugar, los buenos actos dirigen al placer y los malos actos al dolor; cada causa está conectada con su resultado correspondiente –nunca puede fallar y producir un resultado diferente–. Esta relación invariable es producida por la interdependencia.

Una vez entiendes en qué sentido la "interdependencia" se refiere a la carencia de la existencia esencial o propia, comprendes por implicación que la interdependencia en forma de causa y efecto es, en un sentido meramente convencional, del todo adecuada e infalible. Esto te permite un convencimiento de total de las leyes que gobiernan todas las acciones y las consecuencias –sean las que atañen a la vida cíclica o a las que están más allá–.

Se puede afirmar, pues que, al depender de otras cosas, ningún objeto puede existir de modo intrínseco o verdaderamente. El hecho de que nada tenga una existencia genuina es lo que hace posible que la ley de causa y efecto sea perfectamente veraz. Y el hecho de que todo el funcionamiento de la ley de causa y efecto sea perfectamente veraz hace posible que las semillas se conviertan en brotes, los brotes en granos, y todo lo demás.

Supón que éste no fuese el caso y las semillas de cebada, o cualquier otro cereal, existieran genuinamente; nunca llegarían a convertirse en brotes. Tampoco los niños se podrían convertir en adultos, ni ningún proceso similar tendría lugar. Si los nacimientos más elevados existieran de modo genuino o esencial, sería imposible para una persona en un renacimiento superior descender a los infiernos. Si los seres conscientes ordinarios existieran de modo genuino, sería imposible para ellos convertirse en un buda. Los dilemas lógicos derivados de ser algo que existe "de modo genuino o esencial" son muchos.

Lo que hemos explicado, concluyó nuestro Lama, transmite una enseñanza propia de la sección de la "Implicación", de la escuela del Camino Medio: que estos dos principios –causa y efecto o interdependencia, por un lado, y el hecho de que nada existe de modo genuino, por otro– van de la mano, uno apoya al otro–.

XVI

Cómo saber que tu análisis aún es incompleto

LA TERCERA DE LAS cinco secciones relativas a la visión correcta explica cómo saber que el análisis que llevas a cabo en relación a la visión es aún incompleto. Este punto se resalta en el siguiente verso del texto raíz:

(11)

No habrás comprendido el pensamiento de los Sabios, mientras estas dos ideas te parezcan dispares: La apariencia de las cosas –la infalible interdependencia–; y la vacuidad –más allá de posicionarse–.

Digamos que has meditado en las instrucciones previas y diriges tu punto de vista o visión a analizar los fenómenos. Si tu análisis es realmente completo, la interdependencia y la vacuidad deben aparecer juntas, apoyándose mutuamente.

A pesar de este hecho, parece que algunos antiguos sabios de la India y budistas tibetanos de antaño eran incapaces de explicar la interdependencia, aunque parecían entender el concepto de carencia de existencia propia o genuina.

Lo que dice el verso, concluyó nuestro Lama, es lo siguiente: "Supón que tienes realmente una comprensión de esos dos conceptos a nivel individual: 1) *la apariencia de las cosas* –la interdependencia– y 2) *la vacuidad* –el hecho de que nada existe de modo esencial o verdadero–. Pero supón que se te antojan características contradictorias –crees que ningún objeto puede poseer uno y otra al mismo tiempo–.

"Considera *estas dos ideas*: 1) *la interdependencia infalible*, en que las causas (es decir, los actos) de una determinada naturaleza deben siempre conducir a resultados (consecuencias) del mismo tipo; y 2) la vacuidad, la idea *más allá de posicionarse*

—el hecho de que ningún objeto del universo tiene un solo átomo de algo que pueda existir por sí mismo—.

"Mientras se *te aparezcan* de este modo —mientras las *dos ideas* se te antojen *dispares* y mutuamente excluyentes, como caliente y frío—, *no habrás comprendido* perfectamente la idea última *del pensamiento de los Sabios,* de los budas".

XVII

Cómo saber que tu análisis es completo

AQUÍ LLEGAMOS A LA cuarta sección: cómo saber que el análisis que llevas a cabo, apoyándose en la visión que has desarrollado, es completo. Se explica en el siguiente verso del texto raíz:

(12)

A partir de un punto, dejan de alternarse, vienen juntas. El solo hecho de ver que la interdependencia nunca falla, te lleva a una comprensión capaz de destruir la manera en que te aferras a los objetos. Así tu análisis basado en la visión es completo.

He aquí lo que damos a entender cuando decimos que, *a partir de un punto, dejan de alternarse.* Tenemos dos elementos: en primer lugar, el hecho de que el funcionamiento de las cosas, los buenos y malos actos, es totalmente apropiado, a pesar de que ningún objeto es más que una etiqueta, son tan sólo nombres. En segundo lugar, tenemos el hecho de que, si intentamos buscar lo que recibió el nombre, sólo encontramos la vacuidad: no existe ni un solo átomo de existencia genuina en ningún objeto que hayamos considerado.

A partir de un punto adquiere la habilidad de explicar estos dos hechos ya que *vienen juntas* y *dejan de alternarse.* Es decir, llegas a darte cuenta de que, tanto la vacuidad como la interdependencia, son aplicables al mismo objeto, sin contradicción en absoluto.

Comprendes entonces que la interdependencia es infalible, consiste simplemente en valerte de un concepto para etiquetar el conjunto de partes que sirve como base para recibir la etiqueta. *El solo hecho de ver que la interdependencia nunca falla te lleva a una comprensión* que niega completamente *la manera* en que tiendes a sostener la existencia genuina, que se *aferra a los objetos*. Entonces, cuando piensas en la vacuidad comprendes la interdependencia, cuando piensas en la interdependencia comprendes la vacuidad. A propósito, esto es lo que quieren decir algunos santos sabios cuando afirman, "al comprender el secreto de la interdependencia, de repente aparece el significado de la vacuidad."[167]

Una vez todo esto te suceda, comprenderás que el tema central de la interdependencia es que nada existe verdaderamente, de modo esencial o genuino. Y este hecho, que nada existe verdaderamente, tiene el poder para conducir tu mente hacia la experiencia, estable y segura, de que la interdependencia nunca falla. *Así* sabes que el *análisis* llevado a cabo, usando *la visión* pura de la sección "Implicación", de la escuela del Camino Medio *es* por fin *completo*. También podemos decir, concluyó nuestro Lama, que habremos encontrado el pensamiento incomparable de Nagarjuna.

XVIII

Una enseñanza incomparable de la escuela "Implicación"

L A ÚLTIMA Y QUINTA sección en nuestra explicación de la visión correcta tiene que ver con una enseñanza sin igual seguida por el grupo de la "Implicación", de la "escuela del Camino Medio". Esta instrucción se halla en el siguiente verso del texto raíz.

(13)

Además, la apariencia impide el extremo de la existencia; La vacuidad impide el de la no existencia, y si entiendes que la vacuidad se pone de manifiesto en la causa y el efecto, Nunca serás arrastrado por los puntos de vista extremos.

Todas las escuelas, excepto la de los miembros del grupo "Implicación", sostienen que comprender la apariencia de las cosas te impide caer en lo que se conoce como el "extremo de pensar que las cosas no existen". Mientras que comprender la vacuidad te impide caer en lo que se conoce como el "extremo de pensar que las cosas sí existen".

Sin embargo, la posición del grupo Implicación, es que ningún objeto que puedas elegir tiene una existencia verdadera o propia, aparte de meramente aparecer de ese modo. Comprender este hecho te impide caer en el extremo de pensar que las cosas existen —es decir, que existen en un sentido último—. Y debido a que esta mera apariencia misma no puede existir por sí misma, comprender la vacuidad te libra de caer en el extremo de pensar que las cosas no existen —es decir, que no existen convencionalmente—.

Desde el momento en que algo es interdependiente ya no tiene la posibilidad de ser nada más que algo que no existe por su propia naturaleza, de un modo esencial —es algo que no puede sostenerse por sí mismo— Esta afirmación obedece a que ese algo debe existir dependiendo del conjunto de partes que sirven como base para recibir nuestra etiqueta.

Observa el ejemplo de un anciano débil que es incapaz de levantarse de su silla por sí mismo, y ha de valerse de un apoyo —no se sostiene solo—. Aquí tenemos un caso similar: ningún objeto puede sostenerse por sí mismo, ningún objeto puede existir de modo genuino, en tanto en cuanto dependa de cualquier otro factor.

Hablando en general, hay un sin fin de pruebas lógicas que se pueden utilizar para establecer el significado de la carencia de naturaleza propia. Sin embargo, hay una que es la reina de todas ellas: "probar a través de la interdependencia". Digamos que exponemos este argumento diciendo:

Considera un brote, no puede existir de modo verdadero, porque es interdependiente.

Los miembros de algunas escuelas no budistas responderían "No estoy de acuerdo con tu razón", dando a entender que "los brotes no son interdependientes". Hacen esta afirmación porque creen que cada objeto en el universo es una manifestación de un Ser prístino.

La mayoría de los antiguos budistas tibetanos caían en el extremo al que denominamos "pensar que las cosas cesan", pues dirían que si algo no existe verdaderamente no puede existir *en absoluto*.

Todas las escuelas que van desde la Solo Mente hasta las anteriores, el grupo conocido colectivamente como "Funcionalistas", o esencialistas, caen en el extremo de "pensar que las cosas son permanentes" pues no pueden explicar la interdependencia si aceptan que nada existe de modo genuino o con existencia propia.

Los miembros del grupo "Independiente", dentro de la escuela del Camino Medio, aceptan la idea de la interdependencia, pero no están de acuerdo con que algo interdependiente no pueda "existir por definición". Esto equivale al extremo de pensar que las cosas son permanentes o estáticas.

Los auténticos sabios de la escuela del Camino Medio hacen una cuádruple distinción: dicen que nada existe de modo verdadero, con una naturaleza propia, pero no dicen que las cosas *no existan en absoluto*; todo existe meramente como una convención, aunque *todo existe* sin existir de un modo verdadero o con una naturaleza propia. El error de los Funcionalistas y demás escuelas es que fracasan a la hora de distinguir entre estas cuatro distinciones: dos del tipo "nada existe" y dos del tipo "todo existe".

Según la escuela de la Implicación, se pueden evitar ambos extremos –pensar que las cosas son permanentes y pensar que las cosas cesan– tan solo con una afirmación lógica: "nada puede existir de modo verdadero porque es interdependiente". La primera parte de la afirmación nos aparta del extremo de pensar que las cosas son permanentes; la segunda, del extremo de pensar que las cosas cesan.

Mi precioso maestro, Chone Lama,[168] siempre decía que las dos partes de la afirmación impiden, *cada una* los *dos* extremos –el de la permanencia y el de la cesación–. Lo explicaba así: el sentido literal de la primera parte de la afirmación, "nada puede existir de modo verdadero", sirve para evitar el extremo de creer que las cosas son permanentes.

No obstante, afirmar que algo no puede existir "de modo verdadero", no implica que sea algo no existente; lo cual niega el extremo de pensar que las cosas han cesado.

Y esta descripción, solía decir, basta para entender por nosotros mismos el procedimiento de la segunda parte de la afirmación "... porque es interdependiente"

Comprendiendo esto, veremos por qué el glorioso Chandrakirti afirmó:

> Así pues, esta prueba que se vale de la interdependencia, corta
> la maraña de toda visión errónea[169].

De este modo, hemos revelado que ningún objeto en el universo existe verdaderamente. Para poder afirmarlo nos hemos valido de la razón "porque es interdependiente", y hemos demostrado que estos dos hechos nos impiden caer en cualquiera de los dos extremos.

También por este motivo leemos afirmaciones como la siguiente, procedente de la *Sabiduría Raíz*:

Todo es correcto en cada cosa para la cual el estado de la vacuidad es correcto.[170]

O las bien ilustradas líneas de un sutra famoso:

La forma es vacuidad. La vacuidad es forma[171].

A propósito, estas últimas líneas se mencionan para revelar que la interdependencia es vacua y que la vacuidad es interdependiente. Te ayudará a comprender que cojas este mismo ejemplo y lo leas así:

Yo soy la vacuidad. La vacuidad soy yo.

En resumen, concluyó nuestro Lama, las leyes de la causa y el efecto se adaptan perfectamente a cualquier entidad que carezca de existencia genuina. Si puedes apartarte de caer en los dos extremos, no cometerás grandes despropósitos en tu esfuerzo para desarrollar la visión correcta.

PRÁCTICA

XIX

Pon en práctica lo que has aprendido

HEMOS LLEGADO A LA última parte, la cuarta sección de nuestra explicación general del cuerpo principal del texto. Consiste en unas enérgicas palabras de ánimo –el lector debe tratar de identificarse con la verdad de estas instrucciones para luego ponerlas en práctica–. Tal como señala el último verso del texto raíz:

(14)

Cuando hayas entendido tan bien como yo los puntos esenciales de cada uno de los tres senderos principales explicados, entonces, hijo mío, aíslate, haz vigorosos esfuerzos para alcanzar tu deseo último con celeridad.

Este verso es una instrucción muy personal que el Noble Tsongkhapa, movido por profundos sentimientos de amor, nos ha concedido a todos los que pretendemos seguirlo. Nos está diciendo, "en primer lugar trata de entender los puntos esenciales de los tres senderos principales tal como los he explicado; hazlo por medio de escuchar una y otra vez enseñanzas al respecto. Después, has de valerte de la contemplación para reconocer la veracidad de estos puntos; hazlo en retiro, en un estado de aislamiento que corte con todos los lazos de esta vida, y vive aplicando el principio de tener pocas necesidades materiales y sentirse satisfecho con lo que uno tiene –mantén tus preocupaciones y actividades al mínimo–. Haz vigorosos esfuerzos por practicar así, actúa con celeridad, nunca te abandones y pospongas la práctica, y luego, hijo mío, alcanza el deseo último de todas tus muchas vidas".

Dentro incluso de estas palabras hay profundos puntos esenciales que el Noble ha usado refiriéndose a los temas principales. Por ejemplo, la palabra *aíslate* se refiere a aislarse no solo externamente –vivir en algún lugar apartado del bullicio y ajetreo de la vida– sino también de tu propia mente: evita que tu mente emprenda su viaje intercontinental habitual a través de los ocho pensamientos mundanos y a través de tus miles de esperanzas y temores diarios.[172]

Haz vigorosos esfuerzos tiene su propio significado especial: no decimos, por ejemplo, que uno "se esté esforzando" cuando se empecina en cometer un mal acto. Los "esfuerzos" auténticos son los que haces con entusiasmo por lo virtuoso.

Tu deseo último empieza realmente a partir de ahora y persiste hasta que te conviertes en un buda. Y lo que el verso señala es que debes dedicar todo tu empeño en alcanzar tu objetivo ahora, con celeridad, ya que no sabes a ciencia cierta cuántos días te quedan de vida.

¿Qué significa *haz vigorosos esfuerzos*? La gente como vosotros y yo podemos empezar una práctica por la mañana, como entrar de retiro para entablar una relación especial con algún ser santo, y cuando llega la noche empezamos a buscar el signo místico de que la práctica ha dado resultado –esperamos entonces ver cara a cara a alguna deidad, quizás oír una voz que nos diga que llegaremos a la Iluminación en tal fecha, tener una visión o un sueño especial–.

Pero la práctica religiosa no es esto. Las escrituras señalan que incluso nuestro compasivo Maestro, el Noble Buda, tuvo que practicar durante tres "incontables" eones[173] antes de obtener el estado de la Iluminación. Vosotros y yo, tenemos que pensar "estoy dispuesto a pasar no menos de cien mil vidas con mi práctica, si hace falta".

Debemos invertir mucho tiempo en el estudio y el razonamiento y después meditar en las diversas Etapas del sendero a la Budeidad. Para ello tenemos que fijarnos un objetivo, practicar y después experimentar plenamente los tres senderos principales; nos diremos: "En el mejor de los casos, voy a obtenerlos en un día. Si me lleva un mes, lo consideraré aceptable. Pero, en el peor de los casos, intentaré por lo menos conseguirlos dentro de este año."

Deberíamos seguir las palabras de Gueshe Dolpa, uno de los Visionarios de la Palabra, quien dijo:

¡Etapas del sendero! ¡Etapas del sendero! Todas se resumen en tres frases breves: "Mira a largo plazo" "Piensa a lo grande" "Mantén un ritmo"[174].

Lo que quería decir con la expresión *mira a largo plazo* era que necesitamos apuntar hacia el objetivo de convertirnos en un Buda. *Piensa a lo grande* significa considerar lo siguiente: "Para alcanzar la Iluminación voy a practicar todos los senderos, uno tras otro: los tres niveles de motivación y los de la enseñanza secreta –los niveles de creación y consumación"–.

La gente que ve las cosas desde el lado mundano, aún sabiendo que han de morir en el plazo de un año, siguen haciendo grandes planes y actúan como si tuvieran que vivir cien. Desde el lado espiritual, vosotros y yo hacemos lo opuesto: somos demasiado poco ambiciosos con relación a la triple práctica de aprender, contemplar y meditar –incluso con las pocas oraciones que se supone debemos recitar diariamente–. Siempre escogemos la práctica más fácil, siempre pensamos en pequeño, decimos, "esto es todo cuanto puedo hacer".

Pero estamos equivocados: si realmente desplegamos el esfuerzo, no cabe duda de que podremos convertirnos incluso en un buda. Tal y como señala la *Vida del Bodhisatva*:

No seas cobarde y pienses ¿Como voy a poder iluminarme? Los Que Así se han Ido dicen solo la verdad y ésta es la verdad que pronunciaron:

"Incluso aquellos que viven como gusanos, moscas, mosquitos, e incluso gérmenes, obtendrán la insuperable y costosa Iluminación. si se esfuerzan verdaderamente".

Aquí estoy yo, he nacido hombre, y puedo distinguir entre el bien y el mal ¿Qué va a impedir que me ilumine si sigo actuando de un modo iluminado?[175]

Por lo tanto, deberías pensar tan "pequeño" como puedas en cuanto a tus trabajos mundanos, pero tan a lo GRANDE como puedas con relación a tu vida espiritual.

La frase *mantén un ritmo* significa que deberías evitar el tipo de práctica en la que das un paso adelante y dos atrás, en que vas del esfuerzo intenso al total abandono –tumbado sin hacer nada–. Más bien deberías mantener una intensidad sostenida en el esfuerzo que aplicas a tu práctica espiritual: deja que fluya constante, como un gran río. Haz todo lo que esté en tu poder, concluyó nuestro Lama, para extraer la esencia misma de esta vida llena de posibilidades.

La Conclusión

XX

La conclusión de la explicación

ESTO NOS LLEVA A la última de las divisiones principales del tratado: observaciones finales que acompañan la conclusión de la explicación del texto. Se indican en el colofón que aparece tras el último verso del texto raíz:

Estas instrucciones le fueron impartidas a Ngawang Drakpa, un fraile del distrito de Tsako, por el ilustrado monje budista, el glorioso Lobsang Drakpa[176].

Algunos de vosotros, tras escuchar y pensar con esmero en los tres senderos principales que hemos explicado, podría haber llegado a comprender lo que significan realmente –y podríais desear pasar a la etapa siguiente–: meditar en estos senderos para que, en efecto, maduren en la mente. Si es así, necesitareis conocer una serie de visualizaciones apropiadas.[177]

La primera línea del texto raíz: "Me postro ante todos los santos y elevados Lamas", nos explica –de manera indirecta– los primeros pasos que habremos de dar. Estos incluyen visualizar a la asamblea tradicional de seres santos, lo que denominamos el "Campo de Acumulación"[178], así como pasar por las prácticas necesarias para acumular un montón de buenos actos, y para purificarnos de los malos actos. En resumen, tendremos que usar una de las "prácticas preliminares" o textos parecidos que estén relacionados con el *Sendero de Gozo* o con el *Sendero Rápido*.[179]

Incluso en las secciones en las que promueves una motivación correcta, vas a tener que hacer una revisión mental completa del sendero, desde el principio al fin. Lo cual significa que tendrás que pensar también en aquellas Etapas del sendero en las que tratas de reconocer lo valiosa que es tu vida de ocio y dones, cuánto cuesta encontrar una vida así. Existe una gran diferencia si, mientras meditas, mantienes tu mente llena de una motivación excepcional y auténtica –el deseo de convertirte en un buda para beneficio de todo ser consciente, la actitud correspondiente al nivel de motivación mayor–. Las experiencias que te sobrevendrán en estas Etapas particulares serán para ti senderos que meramente compartirás con quienes vayan por los niveles menor y medio de motivación, pero no serán sus mismos senderos, ni sus mismas actitudes específicas.[180]

Cuando llegas a la parte en la que vas por refugio puedes usar cualquier sistema –el del *Sendero de Gozo* y el *Sendero Rápido* o de la representación del Campo de Acumulación, relacionada con esta enseñanza– para visualizar a los seres que van a proporcionarte protección. Hay también dos maneras de imaginar cómo el néctar desciende de ellos para purificarte: puede envolver la parte externa del rayo de luz, o fluir hacia ti por el interior del rayo de luz tubular.

Lo que el néctar debe purificar son nuestros malos actos pasados y todo lo que bloquea nuestro progreso espiritual. La raíz de todos estos problemas es la tendencia que tenemos, en lo más profundo de nuestro corazón, de estimarnos a nosotros en vez de a los demás. Por lo tanto, imagina que todos los malos actos y bloqueos se amontonan en una masa oscura en ese mismo lugar: tu corazón.

La luz y néctar descienden por tu cuerpo y empujan hacia abajo toda esa oscuridad. En el interior de la tierra, bajo el aspecto de un gran cerdo negro[181], se encuentra el Señor de la Muerte, sentado debajo de ti. Esta allí porque ansía tu vida y sus enormes mandíbulas están bien abiertas, mirando hacia arriba, esperando. En este punto es extremadamente importante que imagines la negra masa de tu corazón descender hasta su boca abierta –ello le satisface totalmente y así nunca más te querrá dañar–.

Mientras tomas refugio, mantén en tu mente las dos razones que te impulsan a hacerlo.[182] Si estos dos sentimientos son artificiales y forzados, tu refugio no será auténtico. Pero si son sinceros, tu refugio también lo será.

Cuando en tu meditación practicas el deseo de llegar a la Iluminación para beneficio de cada ser consciente, hay un punto en el que imaginas que ya has alcanzado el objetivo, y esto te ayuda a conseguirlo de verdad en el futuro. Aquí visualizas que todos los habitantes del universo son puros, libres de todo tipo de malos actos u obstáculos espirituales. El universo mismo, el lugar en el que habitan esos seres, es un producto de sus actos colectivos –y por ello imagina que también es totalmente puro–. Esta instrucción tiene una gran importancia; procede de la misma fuente que las prácticas santas de las grandes tradiciones secretas, gracias a las cuales te conviertes en el Señor de un Mundo Místico.

Seguidamente, en la meditación llegas a la práctica de los "inconmensurables"[183], has de darte cuenta aquí de que estos cuatro no son solo lo que denominamos "cuatro lugares del Inmaculado" sino algo bastante diferente. La compasión, por ejemplo, no es solo compasión ordinaria: es la Gran Compasión y el amor bondadoso es el Gran Amor Bondadoso.

En lo que respecta al orden de los cuatro inconmensurables, es importante que medites primero en el sentimiento de ecuanimidad hacia todos los seres. Esto encaja con el orden que adoptan dichos sentimientos en la instrucción en siete partes de la causa y el efecto, para desarrollar el deseo de convertirse en un buda en beneficio de todo ser consciente.

La siguiente sección en la meditación es la que llamamos el "deseo especial de obtener la Budeidad".[184] No es el deseo mismo, pero es muy efectivo para potenciar su desarrollo.

Siguen a continuación unas notas sobre el siguiente paso en la meditación, en la que visualizas el "Campo de Acumulación". Hay un árbol mágico en la base de la imagen, un árbol que te da todo lo que deseas. Imaginas que ha crecido de la unión entre tu propio mérito y el deseo de obtener la Iluminación de los seres que se encuentran en la asamblea. El Noble

Tsongkhapa, en el centro del grupo, es de color blanco; esto simboliza la cualidad que él posee y que a nosotros nos gustaría tener: haber eliminado los dos tipos de obstáculos –los que nos impiden alcanzar el nirvana y la Iluminación total–.

A la izquierda del Noble Tsongkhapa hay un volumen de escrituras que deberías visualizar como los *Ocho Mil Versos* sobre la perfección de la sabiduría.[185] Está allí como símbolo de los niveles y necesidades de los diversos discípulos, según la agudeza de sus intelectos. Estos puntos, nos dijo nuestro Lama, eran una enseñanza oral de su propio maestro, el Gran Tutor –el Guardián del Diamante–.[186]

En tu meditación, el volumen de la escritura te habla en voz alta, explicándote sus contenidos. Deberías imaginar que el libro te instruye sobre las prácticas en las que estés trabajando –la renuncia, el deseo de convertirte en un Buda para beneficio de todos los seres, etc.–. Nuestro Lama siguió dándonos unas instrucciones especiales sobre el "triple ser" que consiste en imaginar en el corazón del Noble Tsong Khapa a un ser santo, y en el corazón de este último, a otro ser santo.

Cuando visualizas a los maestros pertenecientes al linaje de las "Bendiciones para la Práctica", debes seguir los versos conocidos como "El Conocimiento que Revela el Mundo".[187] Aquí imaginas que todos estos personajes, a excepción del Guardián del Diamante, aparecen bajo la forma de Voz Gentil. Cuando visualizas este mismo linaje en la meditación según el manual del *Ofrecimiento a los Lamas,*[188] hay una diferencia si te implicas en la práctica del Gran Sello.

Las deidades tutelares y seres similares en la visualización se imaginan según el *Sendero de Gozo* y el *Sendero Rápido*. Esto significa que delante de ti tienes a los que pertenecen al grupo de las enseñanzas secretas, conocidas como "Insuperables". A la derecha de la figura central se encuentran los del grupo del "Practicante Maestro", detrás están los del grupo de la "Actividad" y a la izquierda, los del grupo de la "Acción".[189]

También puedes hacer esta visualización de otra manera. Imagina delante de ti al ser divino conocido como "Conjunto Secreto". A la derecha de la figura central, el "Aterrador", a la izquierda el "Gozo Más Elevado" y detrás "Hevajra" u otro parecido. A su alrededor se encuentran las deidades del grupo del "Practicante Maestro" y a su alrededor los del grupo de la "Actividad", luego el grupo de la "Acción", etc.[190]

Hay tres maneras diferentes de visualizar la casa de baños de cristal cuando llegas a la parte en la que imaginas que lavas el cuerpo de cada uno de los seres santos a modo de ofrecimiento. Puedes hacer aparecer una casa en cada una de las cuatro direcciones, o una en el este, o una en el sur. Imaginas que envías tres réplicas tuyas de manera que estén de pie delante de cada miembro de la asamblea. El acto de emanar muchos cuerpos de ti mismo aquí y en otros puntos de la meditación tiene un beneficio adicional: sirve para hacer madurar el potencial de aprender a emanarte. En realidad, obtendrás dicha capacidad cuando llegues a los diversos niveles del bodhisatva y la uses para el bien de los demás.

Cuando llegues a la práctica preliminar final, la súplica, deberías utilizar principalmente el texto "Conocimiento que Revela el Mundo". Si lo deseas, aquí se te permite imaginar en la figura central un "mandala del cuerpo" –un mundo secreto completo con sus habitantes, en distintas partes de su propio cuerpo–. Utiliza el que se encuentra en el *Ofrecimiento a los Lamas*.[191]

En lo que respecta a las demás partes de la meditación – sean las relacionadas con los preliminares, la meditación principal o su correcta conclusión–, deberías referirte a los diversos textos sobre las *Etapas del sendero a la Budeidad* y aplicar las secciones apropiadas. Es muy bueno que, al concluir tu sesión de meditación, recites una oración de clausura, empezando con la línea "Que este buen acto, en representación de todos los que he hecho…"[192]

He tenido la fortuna suficiente para recibir, concluyó nuestro Lama, estas instrucciones sobre los *Tres Senderos Principales* —tanto los versos como su comentario—, sentado a los pies de muchos sabios realizados y santos. Las oí de los labios santos de mi propio Lama precioso, mi protector y salvador, que es el noble que desea alcanzar la Budeidad para beneficio de todos los seres, y que era uno con el salvador Serlingpa.[193] Y los oí de mi refugio, mi Señor, el Guardián del Diamante de Drupkang, cuyo nombre bendito mis labios apenas son merecedores de pronunciar: el bueno y glorioso Lobsang Ngawang Tenzin Gyatso.

He tratado aquí de ofreceros tan solo una breve enseñanza sobre los tres senderos principales, utilizando las líneas del texto raíz como nuestra guía. Suplico a cada uno de vosotros que, por favor, seáis tan amables de aceptar lo que os ofrezco con mis palabras y ponerlo en práctica lo mejor que podáis.

De este modo nuestro Lama nos bendijo y con alegría pronunció el verso con el que dedicamos una grandiosa buena acción, para el bien de cada ser consciente[194].

ORACIÓN

XXI

La oración de un discípulo

Él es el Señor que pone en escena y luego retira el espectáculo, una miríada de *océanos* de *poderosas actividades*, llevadas a cabo por los Vencedores de los tres tiempos, Para *custodiar* la tradición de la *enseñanza* que une los dos caminos: El que fuera transmitido por Voz Gentil, y el que procede del salvador *Amoroso*, el profundo pensamiento de los Vencedores[195].

Él es un dios que se dirige al incomparable misterio de su mente, un tesoro que resplandece con las diez fuerzas, para proclamar la mina de oro de los sabios; Él es Lobsang Drakpa, de fama deslumbrante, y las joyas del santo Dharma llegaron a este mundo, al ser derramadas de sus labios[196].

Él es el reverenciado padre de todos los Vencedores; bajo el aspecto de su hijo, de un joven,[197] dio una enseñanza que extrae la esencia del néctar de la crema de los ochenta mil,[198] el misterio de la palabra de los Budas: La denominada *Tres Senderos Principales*, bien conocida como el Sol, en el cielo de la Palabra inmaculada.

Sus versos no son esas palabras huecas, supuestamente profundas, incompletas, sino más bien un chorro de mil riquezas, sus consejos proceden de la experiencia habida en cada etapa del significado mismo. Los elevados senderos en su totalidad, aquellos que capturan la gloria de la bondad del mundo y la paz dondequiera que sea[199].

Ven, gran guerrero, que no temes lo que te hará sabio. Coge el arco de estos maravillosos libros, la Palabra verdadera, pública y secreta: Dispárala con la flecha veloz del razonamiento, a la manera de los sabios y atraviesas los corazones de quienes enseñan lo falso a lo largo y ancho del mundo,

¿Cuándo decidiré darle algún sentido al resto de mi vida? ¿Cuándo me desprenderé de la falacia de que hay felicidad en esta vida? En un abrazo cegador me aferro a las cosas buenas de este mundo. Mi amigo de siempre es el enemigo de mi felicidad eterna.

Que ni en esta ni en mis vidas futuras, deje jamás de reunir tantas cuantas causas me proporcionen, a corto o largo plazo, los dos cuerpos[200]. Pueda obtener la belleza de los ojos que nos guían, a mí mismo y a los otros, Por los excelentes senderos establecidos por los sabios y versarme en ellos.

Aunque esta no es una responsabilidad que por mi gusto hubiera aceptado nunca, he intentado plasmar su elocuencia sobre blanco y negro lo mejor que he podido. Puedo haberme equivocado y perdido algunas palabras, algunos significados o cosas parecidas; me arrodillo ante mi lama y admito libremente cualquier error cometido.

Que por la pura fuerza blanca de actividades como esta empresa que he concluido, puedan mis pensamientos y los de otros dirigirse hacia el santo Dharma. Pueda ser ella la causa de que todos nosotros cortemos con aquello que nos ata a esta vida, y pueda ayudarnos a extraer la mejor esencia del tiempo y oportunidad que tenemos.

De modo que esta es la enseñanza sobre los tres senderos principales que ha impartido nuestro Lama y señor, el que nos ha concedido los tres tipos de amabilidad,[201] nuestro salvador, el dios situado en el centro de nuestro universo, el mismísimo Guardián del Diamante, el bueno y glorioso Pabongka. Él nos concedió muchas veces esta profunda instrucción, utilizando como guía las palabras del texto raíz.

Se hicieron varias copias en las diferentes ocasiones en las que impartió la enseñanza; había cinco de estos manuscritos repartidos entre varias personas. Estos fueron recopilados por mi mismo, Suddhi Vadzra,[202] monje del monasterio de Den, hombre que sufre por su falta de conocimiento espiritual, mero actor vestido de monje, el más simple de todos de todo el gran séquito de discípulos que se han postrado reverentemente y han tocado con sus cabezas el polvo santo de los pies del gran Lama, nuestro padre querido, cuya amabilidad no tiene precio.

Pude terminar este trabajo gracias a las bendiciones del más elevado de todos los guías; las recibidas durante los muchos años que pasé a su lado mientras él vivía, y las que incluso ahora emanan de sus restos, de sus reliquias preciosas.

He escrito estas páginas en el lugar donde descansan dichas reliquias, bañado por la luz que de ellas emana, en la santa ermita conocida como Tashi Chuling[203].

¡Pueda esto ayudar a todos los seres conscientes!

Una llave secreta

XXII

Una llave secreta para los Tres Senderos Principales

AQUÍ ESTÁ LA "LLAVE Secreta para los Tres Senderos Principales" que consta de las notas compuestas por Gungtang.[204]

La línea de apertura de los *Tres Senderos Principales* del Noble Tsongkhapa, lo que denominamos el "ofrecimiento de alabanza", está concebida para poner de manifiesto la raíz del éxito en la práctica –confiar adecuadamente en un maestro espiritual– y los seis preliminares.[205]

Los versos que incluyen el que sigue, "la esencia de todas las elevadas enseñanzas de los Vencedores", pueden ser aplicados a los tres senderos principales individualmente, o a los tres en su conjunto. Cuando enseñas a alguien estos tres senderos, los presentas uno después de otro; pero cuando meditas en ellos, cada uno debe estar imbuido de los otros dos. Puedes deducir este hecho por la referencia introductoria que se hace de los otros dos senderos en el primer verso. Si no hicieras tus meditaciones de este modo, entonces tus sentimientos de renuncia no se podrían considerar un sendero del camino mayor.

Todos tenemos la necesidad, de vez en cuando, de hacer alguna práctica espiritual, pero nos dejamos engañar por la tendencia de posponer la práctica para el día siguiente. Por ello, en el texto raíz, el Noble Tsongkhapa presenta la enseñanza sobre esta vida preciosa de oportunidad, junto a los consejos sobre la muerte que se acerca.

También presenta en yuxtaposición la enseñanza sobre los problemas de la vida cíclica y la enseñanza sobre los actos y sus consecuencias –por la razón de que cualquier dolor que sentimos en esta vida cíclica es causado por los malos actos que hemos hecho antes–.

En los versos donde explica cómo meditar en el deseo de obtener la Iluminación también se las arregla para conectar los dos sistemas –el enseñado por el Noble Atisha y el que dio el Maestro Shantideva–. El hecho de que la palabra "madres" en dichos versos esté en plural indica que se refieren al sistema en el que cambias tu interés personal por un interés hacia los demás –algo así como una mente equilibrada–.[206] La mención misma de la palabra "madre" sirve para referirse a la etapa correspondiente al otro sistema en la que reconoces a todos los seres como a tu propia madre. Y las palabras que aparecen antes de mencionar a las "madres" están pensadas para resaltar la etapa de la compasión.

Cuando "piensas en lo que les sucede"[207] lo puedes hacer de dos maneras. Según un sistema puedes *pensar en lo que* otros seres hicieron por ti en el pasado, cuando fueron tus madres; así es como recuerdas su amabilidad después de haberlos reconocido como madres. Además de esto, también puedes *pensar en lo que* otros seres hacen por ti incluso ahora, cada día. Así es como se hace en el sistema en el que te cambias con los demás. Esta segunda manera proporciona resultados fantásticos: ya no tienes que preocuparte por haber perdido la oportunidad de sembrar este campo fértil devolviendo su amabilidad, puesto que a tu alrededor hay muchos otros campos que sembrar. Sólo depende de ti reconocer su amabilidad presente; ellos son tu billete para colmar las necesidades de todos los seres conscientes, pero no les das crédito.

El concepto de la interdependencia se puede referir a que las cosas proceden de causas. Sin embargo, a veces las cosas se vuelven del revés –como cuando clavas en el suelo unas lanzas con las puntas hacia arriba para hacer un dosel– y podríamos decir en muchos casos que las "causas" dependen de los "resultados". Vemos, pues, que el sistema utilizado aquí se basa, principalmente, en la interdependencia, en el sentido de que etiquetamos respecto a la dependencia.

¿Cómo funciona el proceso de etiquetar? Imagina a una persona que nunca se llamó "Tashi", y un día le pones el nuevo nombre "Tashi".[208] Después de un tiempo empiezas a olvidar que fuiste tú quien le otorgó el nombre "Tashi" y él empieza a parecerte "Tashi" por sí mismo.

Aquí, el proceso de cambio por el que pasa tu percepción es más bien sutil y difícil de reconocer. Puedes leer todos los libros y empezar a creer que sabes lo que es la ausencia de existencia propia, genuina, etc, pero luego tendrás que regresar a los sistemas de las escuelas inferiores e ir progresando de abajo a arriba: asegurándote de que te haces una idea de lo que ellos entienden como "no existencia propia". Si no puedes, será que aún estás bastante lejos de la visión correcta.[209]

En sus versos, el Noble Tsong Khapa, afirma en primer lugar que, a menos que poseas la sabiduría que percibe la realidad última, los otros dos senderos principales nunca te podrán liberar. Lo que menciona directamente a continuación, es la interdependencia. El punto que intenta establecer es "si entiendes la interdependencia, entiendes la realidad última; si no, no".

Y lo mismo se puede decir con respecto a asumir el hecho de que comprender la apariencia de las cosas te impide caer en el extremo de pensar que las cosas existen. Ni siquiera una escuela no budista como la así llamada "Descastados"[210] afirma lo opuesto: ni siquiera caen en el error de negar que comprender la apariencia de las cosas impide caer en el extremo de pensar que nada existe. Así pues, la idea que te protege de caer en el primer extremo es verdaderamente única

Estas han sido solo unas breves palabras de instrucción, pero representan la concentración de la esencia de todo lo que el Maestro Tutor, el Precioso, ha enseñado. Mantenlas, pues, muy cerca de tu corazón.

El bloque original de madera impresa fue financiado por un devoto de fe y moral incomparables, de la casa de Hlalu, un verdadero jardín de gozo.[211] El dedica este acto para que cada ser consciente halle la bondad suprema.

Notas

1 *Ilustre erudito Changya Rolpe Dordje.* E. Gene Smith ha escrito una excelente introducción a la historia de la línea Changgya y ésta se incluye en el prefacio a la colección de trabajos del sabio tibetano, Tuken Dharmavajra (ver p.1-7 vol1 entrada 52.)

2 *Quince pinturas en pergamino.* Hay al menos cuatro grupos de esas pinturas fuera del Tíbet; todas ellas muy parecidas porque las "pinturas" son, en realidad, bloques imprimidos. En mis días de estudiante estas impresiones eran disponibles en el monasterio de Narthang, cerca de la ciudad de Shigatse, al sudoeste de Lhasa —se podía contratar a un pintor para rellenar los colores y escribir las inscripciones tradicionales que explican cada escena—.

3 *No veo como puedo afirmar.* Ver p. 221-2 vol 1 de la biografía del Rimpoché, entrada 55 de la bibliografía.

4 *Ngawang Drakpa y a sus amigos de clase.* Ver p 293, bibliografía, entrada 27.

5 *Famoso bodhisatva "Siempre Llora".* El texto aún existe. Ver bibliografía entrada 64.

6 *Estas breves y hermosas líneas.* Las líneas citadas por el biógrafo de Pabongka Rimpoché, aparecen en la p.584 (bibliografía entrada 69). Inmediatamente después de esta carta en la colección de trabajos del Noble Tsongkhapa, se preservan dos más que envió a Ngawang Drakpa; la primera de ellas contiene los *Tres Senderos Principales.*

7 *Puerta hacia el Sendero Noble.* La edición del comentario de Pabongka Rimpoché traducido aquí, se encuentra en la bibliografía, entrada 46. Los versos originales de Noble Tsongkhapa se encuentran en su colección de trabajos, en la entrada 68. A continuación algunas otras explicaciones útiles de los *Tres Senderos Principales* del Noble Tsongkhapa, por los siguientes maestros:

- El gran Quinto Dalai Lama, Ngwang Lobsang Gyatso (1617–1682) en entradas 16 y 17.
- Tsechok Ling, Yeshe Gyaltsen (1713–1793) en entradas 78 y 79.
- Tendar Hlarampa (b 1759) en la entrada 30.
- Welman Konchok Gyeltsen (1764–1853) en entrada 7.
- Ngulchu Dharmabhadra (1772–1851) en entradas 37 y 38. Mokchok Trulku, (contemporáneo) en entrada 59.

8 *Guardián del Diamante*. Un aspecto del Buda bajo el cual da enseñanzas secretas

9 *la ropa azafrán*. Las vestimentas de un monje budista humano.

10 *Tres secretos de cualquier Vencedor*. El misterio del cuerpo, palara y mente de cada uno de los incontables budas. Los budas se denominan "Vencedores" porque han superado los obstáculos que impiden eliminar los malos pensamientos y conocer todas las cosas

11 *Voz Gentil*. Aspecto divino que representa la sabiduría de los budas.

12 *Tres Senderos Principales*. "Sendero" en la filosofía budista se refiere a un estado de comprensión experiencial. El título ha sido traducido a menudo como "Los Tres Principios del Sendero", pero la cuestión es que la renuncia, el deseo de obtener la Iluminación y la visión correcta, son cada uno por su lado un sendero principal.

13 *Dharma*. Palabra de muchos significados, más a menudo se refiere a "enseñanza espiritual" u "objeto existente".

14 *Los tres reinos*. Lo abarcan todo. El budismo enseña que hay tres reinos de existencia. Vivimos en el reino del "deseo", denominado así porque nuestros intereses principales son la comida y el sexo. Por encima está el reino de la "forma", donde los seres viven en un estado de meditación y poseen formas hermosas. Aún por encima de éste está el reino "sin forma", donde los seres no padecen sufrimiento burdo y solo tienen un cuerpo mental.

15 *Más que una joya que concede...* De la versión más breve de las *Etapas del Sendero a la Budeidad*, del Noble Tsongkhapa (f 56ª, bibliografía entrada 63). El contexto entero aparece después, en la exposición sobre la renuncia.

16 Los *"problemas del recipiente"*. Cómo no debe escucharse una enseñanza –como un recipiente tapado (sin prestar atención a lo que pasa), como un recipiente sucio (escuchar con una motivación innoble, como el deseo de conseguir buena reputación) y como un recipiente con un agujero en el fondo (que no retiene lo que se ha escuchado) –se aconseja hacer revisión diariamente–. Ver *Las Etapas del Sendero Extensas,* del Noble Tsongkhapa, entrada 61, f 16; así como el famoso *Liberación en Nuestras Manos,* de Pabongka Rimpoché, entrada 47, f 54-5.

17 *Seis imágenes para recibir la instrucción.* Cómo uno debería escuchar la enseñanza:

* Piensa en ti mismo como en un enfermo, ya que tus aflicciones mentales (deseo y el resto) te enferman.
* Piensa en el Dharma como una medicina.
* Piensa en tu maestro como en un médico experto.
* Piensa en seguir su enseñanza con precisión y tanto tiempo como sea necesario, al igual que sigues las órdenes del médico para recuperarte.
* Piensa en los budas como infalibles, o en el Infalible (tu maestro) como un buda.
* Reza para que esta medicina excelente, las enseñanzas del Buda, pueda permanecer mucho tiempo en el mundo.

Ver el Noble Tsongkhapa, entrada 61, f16-19 y Pabongka Rimpoché, entrada 47, f 55-61.

18 *Tres tierras.* Es decir, debajo de la tierra (donde viven los seres serpentinos y criaturas similares); sobre la tierra (donde se encuentran los hombres), y en el cielo (donde las deidades tienen su hogar).

19 *Ngawang Drakpa.* Ver el Prefacio para una descripción de la vida de este discípulo.

20 *Tres motivaciones diferentes.* El deseo de escaparse de los reinos inferiores, el deseo de escaparse de toda la vida cíclica, y el deseo de obtener la Iluminación completa para beneficio de cada ser consciente.

21 *Vidas miserables.* Un nacimiento en los infiernos, como espíritu insaciable o como animal.

22 *Canales, aires y gotas*. Todas las elevadas y avanzadas prácticas de las enseñanzas secretas del Buda

23 *Gueshe Puchungwa* (1031–1106) y *Chengawa* (1038–1103). La fuente de la cita no se ha encontrado. Gueshe Puchungwa Shunnu Gyaltsen era uno de los "tres grandes hermanos", discípulos directos del Noble Dromtompa, que les ayudó a encontrar y esparcir la tradición Visionaria de los antiguos maestros budistas tibetanos (ver notas 36 y 49). Chengawa, también conocido como Tsultrim Bar, era otro de los tres, como fue también el gran Potowa (ver nota 42)

24 *Cinco ciencias*. Gramática clásica, lógica, teoría budista, artes elevadas y medicina.

25 *Cinco tipos de clarividencia*. Poderes supranormales de emanación, visión, oído, percepción del pasado y conocimiento de los pensamientos de los demás.

26 *Ocho grandes logros*. Estos son, obtener "la espada" que te permite viajar a cualquier parte; "la píldora" que te capacita para hacerte invisible o asumir cualquier forma externa; "la loción para los ojos", que te ayuda a ver objetos diminutos o muy distantes; "los pies veloces" la capacidad para viajar a alta velocidad; "extraer la esencia", la capacidad para vivir solo con trocitos de alimento; "pasear por el espacio" la capacidad de volar; "desaparecer" o invisibilidad; y "subsuelo", el poder de traspasar el suelo sólido igual que un pez traspasa el agua.

27 *Noble Atisha* (982–1054) Su nombre completo es Dipamkara Shri Jnyana, ilustre sabio indio que llevó las enseñanzas de las Etapas del sendero al Tíbet. Autor de la *Lámpara para el Sendero,* texto prototipo de este género (bibliografía, entrada 57).

28 *Tsanakaya*. En su trabajo clásico sobre las Etapas a la Budeidad, Pabongka Rimpoché explica que Tsanakaya era capaz de dominar la difícil y secreta práctica del Señor de la Muerte, pero renació en el peor de los infiernos porque usaba su conocimiento para perjudicar a otros seres (f 225b, entrada 47).

29 *Meditador experto en Hevajra*. En *La Liberación en Nuestras manos* del Rimpoché se explica también (f291b, entrada 47). El meditador llevó a cabo una de las prácticas más poderosas de las

enseñanzas secretas, pero debido a su imperfecta motivación sólo obtuvo un resultado menor. El Noble Atisha señala aquí que practicantes así incluso habían caído en los infiernos.

30 *Generosidad, moralidad, soportar, esfuerzo, morar en concentración.* Las cinco primeras de las seis perfecciones budistas. La última es la perfección de la sabiduría.

31. *Puntos más esenciales del sendero.* Cita del relato del Noble Tsongkhapa a su maestro y discípulo, el venerable Rendawa, acerca de las enseñanzas que recibió del mismo Voz Gentil. (f 2b,3a, entrada 62).

32 *Cuerpo de la forma y cuerpo del Dharma.* La forma física de un Buda y su mente (junto con la naturaleza última de esta mente) se denominan el "cuerpo de la forma" y el "cuerpo del Dharma" respectivamente.

33 *Dos obstáculos.* Ver nota 10

34 *Dos tipos de deseo.* Ver nota 136.

35 *Supón que pretendes…*Cita de la *opus magnum* del Noble Tsongkhapa (f 156b entrada 61)

36 *Todo el mundo tiene algún ser místico…*La fuente original de la cita no se ha encontrado. Aparece también en la *Liberación en Nuestras Manos,* de Pabongka Rimpoché (f 294ª, entrada 47). Los Visionarios de la Palabra eran un grupo eminente de antiguos maestros budistas en el Tíbet cuyo linaje descendía del Noble Atisha y su discípulo principal, el Noble Drom Tompa. El nombre de la escuela en tibetano, "kadampa", significa que tenían la capacidad de entender la Palabra del Buda (*ka*) como una instrucción personal (*dam*) que podía aplicarse inmediatamente a su propia práctica.

37 *"Utilicé la Lampara para el Sendero".* El contexto completo de esta cita aparece en la *Liberación en Nuestras Manos,* de Pabongka Rimpoché (f 37b, entrada47); revela muchas de las citas de nuestro texto y confirma su característica comprensible. El Noble Tsongkhapa acaba de referirle a su mentor divino Voz Gentil los contenidos de una sección principal de su *Etapas Extensas del Sendero a la Budeidad.* Y sigue:

Voz Gentil preguntó en un tono alegre al Noble: "Bien, ¿hay algo en tu trabajo que no esté englobado en esos tres senderos principales que te he enseñado?"

El Noble Tsongkhapa respondió: "Así es como compuse mi trabajo. Cogí los tres senderos principales que tu, ¡oh Ser Santo! me enseñaste y los convertí en el corazón mismo del sendero. Utilicé la *Lampara para el Sendero* como mi texto básico y lo complementé con muchos otros consejos de los Visionarios de la Palabra".

38 *Maestro Dandin.* Poeta hindú del siglo séptimo Después de Cristo, autor del *Espejo de la Poética*, un renombrado tratado sobre composición (cita en f 322b, entrada 34). La breve cita que sigue en el texto procede de un voluminoso tratado escrito por el sabio indio Shakyabudhi referente al *Comentario sobre la Percepción Válida* del Maestro Dharmakirti (ver f 1ª, primer volumen de entrada 82ª, y nota 133 de abajo).

39 *Tradiciones como la "actividad extensa" y la "visión profunda".* Se refieren, respectivamente, a las enseñanzas sobre el deseo por la Iluminación y la visión correcta (el primero incluye la renuncia, el tercer sendero principal) Ver nota 195.

40 *"Conocimiento que Revela el Mundo".* Célebres versos de súplica del Noble Tsongkhapa, titulados como su línea de apertura (ver f 3a, entrada 65). Los tres seres mencionados son formas diferentes del Buda.

41 *Tres tipos de conocimiento.* Diversos grados de comprensión de la verdadera naturaleza de la realidad.

42 *Para alcanzar la liberación…* Gueshe Potowa (1031–1105), su nombre completo era Rinchen Sel, maestro de la tradición Visionaria y uno de los tres principales discípulos del Noble Drom Tompa (ver notas 23 y 49). Sus *Metáforas* (comentario en entrada 19) son un importante preludio a los posteriores trabajos sobre las Etapas. La cita se encuentra en la p. 14 del comentario del *Libro Azul* de Hladri Gangpa (ver entrada 89) una compilación de las enseñanzas del gran Potowa, escritas por su estudiante Gueshe Dolpa (ver nota 174).

43 *Fuente de todas las buenas cualidades*. Líneas de apertura de la súplica de un célebre texto devocional, el *Ofrecimiento a los Lamas*, del venerable Lobsang Choky Gyaltsen, que fue el primero de los ilustres Panchen Lama del Tíbet (p 54, entrada 51). Los tres versos mencionados aquí dicen:

> Fuente de todas las buenas cualidades, gran mar de moralidad, desbordado con un montón de joyas, las enseñanzas que has aprendido, Mi Señor, segundo Noble de los Sabios, que vistes un hábito azafrán. Pido tus bendiciones, maestro que posees el saber de los votos.

> Tú que eres poseedor de las diez cualidades que uno debe tener para ser digno de enseñar el sendero de todos los que se han ido al gozo; Noble del Dharma, regente que personificas a todos los Vencedores. Pido tus bendiciones, guía espiritual del sendero mayor.

> Tus tres puertas bien refrenadas, sabio, paciente, y directo; careces de perfidia y pretensión, experto en los secretos y sus textos; Maestro que escribes y edificas dos decenas de secreta erudición. Pido tus bendiciones, primero de entre todos aquellos Guardianes del diamante.

"Noble de los Sabios" se refiere al Buda de nuestra era; las "diez cualidades" están clasificadas en el verso que aparece inmediatamente después.

44 *estabilidad y sabiduría*. Un monje budista tiene "estabilidad" cuando ha mantenido sus votos con pureza durante al menos diez años después de su ordenación. "Sabiduría" se refiere al conocimiento de una lista entera de temas en el estudio de la ética, tales como comprender lo que es una caída moral y lo que no lo es, o qué actos negativos son más serios que otros.

45 *Los tres adiestramientos*. Estos son la moralidad o ética excepcional, la concentración excepcional y la sabiduría excepcional.

46 *Los Sutras de la Joya*. Un "sutra" es una enseñanza pública del Buda. El verso es de un famoso comentario enseñado al Maestro Asanga (350 después de Cristo) por el Amoroso, el Buda Futuro (f 20a, 20b, entrada 43)

47 *Ocho grandes beneficios*. Se describen como acercarse a la Budeidad, satisfacer a los budas, eliminar influencias malignas, evitar actividades y pensamientos impropios, obtener logros elevados, en-

contrarse siempre con maestros, nunca caer en los reinos inferiores y obtener objetivos temporales y últimos con facilidad (Noble Tsongkhapa, entrada 61, f 33-6; Pabongka Rimpoché, entrada 47, f 124-9)

48 *En primer lugar comprende…* De nuevo se cita en la versión más breve de las *Etapas del Sendero* (f 56ª entrada 63).

49 *El gran Drom Tompa* (1005-1064). Su nombre completo era Gyalwa Jungne, fue el discípulo más famoso del Noble Atisha, y gran progenitor de la enseñanza de las Etapas en el Tíbet. Fundó el conocido Monasterio de Reting, en el centro del Tíbet. Los *Anales Azules* relatan cómo obtuvo poderes milagrosos después de limpiar los excrementos del Noble Atisha en el suelo de la celda del Maestro (p 259, entrada 94). Se dice que el mismo Noble Atisha emprendió un peligroso viaje por mar que duró más de un año por lo que es hoy Indonesia para encontrarse con uno de sus maestros principales. Cuando llegó, estuvo examinando a su maestro durante algún tiempo antes de convertirse en su discípulo, y luego le sirvió durante doce años.

50 *Noble Milarepa* (1040–1123). El famoso meditador de las cuevas del Tíbet, autor de algunas de las mejores poesías espirituales en cualquier idioma (varios ejemplos de ellas aparecen en la sección de la renuncia). Las dificultades que tuvo que soportar en forma de pruebas que le impuso su maestro Marpa son famosas. Ver los *Anales Azules*, entrada 94, p. 430-1.

51 *Marpa* (1012–1097) y *Naropa* (1016–1100). Marpa, también conocido como "el Gran traductor", era maestro del Noble Milarepa y un antiguo budista tibetano que ayudó a traer las enseñanzas secretas desde la India. Su propio maestro era Naropa, afamado maestro indio que también instruyó al Noble Atisha. Como relata Pabongka Rimpoché en su *Liberación en nuestras Manos* (f 133ª, entrada 47), en una ocasión Marpa tuvo que elegir entre postrarse primero ante su maestro o ante un fantástico ser divino que se le apareció en sus aposentos; cometió el error de elegir a este último. El ofrecimiento de Milarepa a Marpa se menciona en el mismo folio.

52 *Sustentante del trono Tenpa Rabgye y maestro tutor Ngawang Chujor.* Lobsang Yeshe Tenpa Rabgye, también conocido como Achi

Tuno Monhan, fue un distinguido erudito de la tradición guelugpa del budismo tibetano. El título que ostentaba indica que él detentaba el trono que fue transferido desde el Noble Tsongkhapa. Su colección de trabajos –principalmente acerca de las enseñanzas secretas– aún existen en dos volúmenes (entrada 32). Por los colofones de estos trabajos sabemos que llevó a cabo la mayoría de sus escritos en el monasterio de Ganden, cerca de Lhasa y que había nacido alrededor del 1758. También señalan que aprendió las dos formas de desear la Iluminación, principalmente, del gran Ngawang Chujor.

53 *Sakya Pandita* (1182–1251). Su nombre completo era Kunga Gyeltsen, uno de los más grandes maestros espirituales de toda Asia Central, renombrado traductor y comentador del canon budista, llevó la tradición del Tíbet a Mongolia. El Venerable Drak Gyen (nombre completo Drakpa Gyaltsen 1147–1216 era su tío y mentor; ver también nota 86 abajo).

54 *La persona que no trata como a un Lama…* La cita se encuentra en un comentario sobre la enseñanza secreta del Señor de la Muerte, compuesto por Ratnakara Shanti, también conocido como Shantipa (f 161b entrada 82). Fue un famoso maestro del gran Monasterio de Vikramashila, en el nordeste de la India durante el siglo décimo y enseñó al Noble Atisha antes de que éste emprendiera su viaje al Tíbet.

55 *Rueda del Tiempo.* No se ha encontrado la fuente original de la cita. Aparece en el gran trabajo sobre las Etapas del sendero de Pabongka Rimpoché (f 130b, entrada 47), atribuido solo a la "Rueda del Tiempo", sin ninguna mención al "texto raíz". El texto raíz de la enseñanza secreta de la Rueda del Tiempo era gigantesco, doce mil versos, y tan solo unas recopilaciones fueron incluidas en el canon tibetano. Ver entrada 24 para la versión principal.

56 *El sendero mayor.* El Buda dio diversos niveles de enseñanzas para discípulos de capacidades diferentes; estos son conocidos como los senderos "mayor" y "menor".

57 *Cincuenta versos sobre Lamas.* Manual tradicional sobre cómo comportarse con el guía espiritual, por el gran poeta budista Ashvagosha (100 años después de Cristo). Las trece causas de muerte prematura están clasificadas en f 10a (entrada 29) y son explicadas

por el Noble Tsongkhapa en su comentario (p 334– 6, entrada 66) tal y como sigue: un dolor insoportable en el cráneo, ser atacado por animales poderosos, enfermedades diversas, fuerzas demoníacas, plagas, veneno, autoridades de la tierra, fuego, serpientes, agua, espíritus, ladrones y feroces semidioses. Después de morir por una de estas causas, la persona cae directamente en los infiernos.

58 *al maestro Sangye Yeshe*. En su obra maestra de las Etapas a la Budeidad (f 132a, entrada 47), Pabongka Rimpoché explica la historia de cómo el maestro indio, Sangye Yeshe, (no confundirse con un sabio tibetano posterior del mismo nombre) impartía una enseñanza cuando vio pasar a su tutor. Este era el gran Paktsangwa, cuyo nombre significa "Porquero", pues se hacía pasar por un pastor de cerdos común. Sangye Yeshe fingió que no se había percatado de que pasaba su lama, para no tener que rendir respeto a un cuidador de cerdos delante de sus propios estudiantes. Más tarde, él juró a su maestro que no se había dado cuenta de su presencia y como resultado se le cayeron los ojos. Este relato también lo menciona Sonam Hlay Wangpo en su libro de ilustraciones para el *Montón de Joyas de Metáforas* (p 172, entrada 88)

59 *Discípulo de Gueshe Neusurpa*. En el mismo folio de la nota precedente Pabongka Rimpoché dilucida acerca de que el discípulo incumple sus compromisos con el maestro y así experimenta gran terror en el momento de su muerte; el nombre del discípulo no se menciona. El nombre completo de Gueshe Neusurpa, era Yeshe Bar (1042–1118). Fue uno de los antiguos maestros visionarios del budismo tibetano; había estudiado bajo la tutela de Potowa y otros grandes maestros, y entre sus discípulos se encuentra el ilustre Langri Tangpa Dordje Senge, autor del popular *Adiestramiento de la Mente en Ocho Versos*.

60 *El mismo Buda*. Un número de declaraciones del Buda respecto a que el propio Lama es el Buda mismo, recogidas por el Noble Tsongkhapa en su trabajo más extenso sobre las Etapas (ver f29ff, entrada 61)

61 *Sakya, guelug y nygma*. Nombres de tres de los linajes que se desarrollaron en el Tíbet para transmitir las enseñanzas del Buda. La tradición guelugpa empezó con el Noble Tsongkhapa.

62 *Toda la enseñanza elevada…* La fuente del texto no se ha encontrado. Gungtang Jampelyang (1762–1823), también conocido como Gungtan Konchok Tenpe Dronme, era estudiante de la primera reencarnación del gran Jamyang Shepa (ver el prefacio y entrada 27). Se le conoce por su elocuente poesía espiritual y sus trabajos filosóficos. Sus comentarios incisivos sobre los *Tres Senderos Principales* se han añadido al comentario de Pabongka Rimpoché y utilizado para la presente traducción, quedando incluidos en la sección final.

63 *He llegado a la experiencia.* La carta del Noble Tsongkhapa a su maestro aún existe. La línea citada aparece en f 69b (entrada 67). El nombre "Dipamkara Jnyana" se refiere al Noble Atisha.

64 *Las tres cestas.* Tres divisiones principales de las enseñanzas del Buda: la cesta del compromiso con la ética (relacionada principalmente con el adiestramiento en la moralidad), la cesta del sutra (mayormente el adiestramiento en concentración) y la cesta del conocimiento (el adiestramiento en sabiduría).

65 *Un breve esbozo…* una vez más se hace referencia a la misma versión breve de las *Etapas del Sendero a la Budeidad,* del Noble Tsongkhapa (f 56ª, entrada 63).

66 *Su maravillosa palabra…* La fuente de la cita no se ha encontrado. Para conocer la formación del autor, ver nota 49.

67 *Tres características distintivas y cuatro grandezas.* Las tres características que distinguen la enseñanza de las Etapas de otras instrucciones son: incluye todos los temas, tanto de las enseñanzas públicas como de las secretas; se puede poner en práctica fácilmente, y ha llegado a nosotros a través de maestros de las dos grandes tradiciones descritas en la nota 195 (Pabongka Rimpoché, entrada 47, f 48b–50b; Noble Tsongkhapa, entrada 61, f 8b). Las cuatro grandezas de la enseñanza son: llegar a entender que todas las enseñanzas son consistentes, entender que todas las escrituras son como un consejo personal, entender fácilmente la verdadera intención de los Budas (los tres senderos principales), y evitar automáticamente el Gran Error de despreciar cualquier enseñanza (Noble Tsongkhapa, entrada 61, f8b–14b; Pabongka Rimpoché, entrada 47, f 41b–48b)

68 *La gloriosa Colección Secreta.* Una de las principales enseñanzas secretas del Buda (entrada 87).

69 *Joya de las Realizaciones*. Importante texto sobre la perfección de la sabiduría que impartió el Amoroso al Maestro Asanga. Ver nota 46 (entrada 44)

70 *Intenta mezclar todos los sistemas…* La fuente de la cita no se ha encontrado. Tuken Dharmavajra, también conocido como Lobsang Choky Nyima (1732–1802), era el tercero en la línea de maestros espirituales Tuken. Son notorios sus trabajos comparativos de los sistemas de las escuelas budistas, así como las biografías de santos como Changya Rolpe Dordje, de quien se decía que era la reencarnación previa de Pabongka Rimpoché (ver el Prefacio y también su colección de trabajos en la entrada 52).

71 *Jangchub O, el Lama real*. Gobernante del siglo undécimo del reinado de Guge, en el Tíbet occidental, importantísimo por traer al Noble Atisha y su enseñanza a la Tierra de las Nieves.

72. *Es esta perfección…* las palabras del sutra tal como se encuentran en el canon tibetano, difieren ligeramente, aunque la intención es la misma (f 206ª, entrada 84).

73 *Incluso en negocios insignificantes…* Cita del f 95a de su conocido trabajo sobre los tres tipos de votos (entrada 2, ver también nota 53).

74 *El asunto: si no meditas…* La fuente de la cita no se ha encontrado. Ver nota 50 para información sobre su autor.

75 *Kyungpo Neljor* (978–1079). Su persistencia en la búsqueda de las tradiciones secretas de la India para traerlas al Tíbet está bien documentada en los *Anales Azules* (p 728, entrada 94). El bon era la religión chaman predominante en el Tíbet antes de la introducción del budismo.

76 *Lama Sakya Kun-nying* (1092–1158) Su nombre completo era Kunga Nyingpo, hijo del fundador del famoso monasterio Sakya en el norte del Tíbet central, y abuelo del ilustre Sakya Pandita (ver nota 53).

77 *La renuncia de los tres…* De un trabajo sobre las enseñanzas secretas consagrado a Voz Gentil (cita del f 10a, entrada 25)

78 *Maestro Dandin*. Remítase a la palabra "esencia", en su verso explicado en la nota 38.

79 *Llamamos recipiente...* De un texto clásico sobre enseñanzas sobre la vacuidad del Maestro Aryadeva (año 200 después de Cristo). Cita del f 13a, entrada 40.

80 *Seis imágenes para la instrucción.* Tanto para éstas como para los tres "problemas del recipiente", ver notas 16 y 17.

81 *Al primero de estos versos.* Las "Etapas del Sendero" extensas tratan la eminencia del autor en los folios 3a-8a, y la eminencia de la enseñanza en los folios 8a-14b. Los consejos sobre cómo enseñar y aprender las etapas se encuentra en los folios 14b-22a. La instrucción sobre cómo dirigir a los estudiantes por las Etapas del sendero se halla en los folios 22a-523a. Estas cuatro secciones básicas se encuentran en la versión media de las Etapas del Sendero, folios 2a-5b; folios 5b-8b; folios 8b-13b y folios 13b-201b. Ambos trabajos son del Noble Tsongkhapa (ver entradas 61 y 60 respectivamente).

82 *Un ser sufridor normal.* Nuestro ser está compuesto de la forma física, nuestras sensaciones, nuestra capacidad para discernir, nuestras funciones mentales restantes y otras partes, así como de nuestra consciencia. Estas son conocidas también como "montones" o grupos de cosas de las que estamos constituidos, puesto que cada una de las cinco divisiones implica la unión de numerosos miembros. Son "impuros", básicamente, porque son el producto de los malos pensamientos y acciones ignorantes, que al mismo tiempo los promueven.

83 *Nirvana inferior.* El nirvana o la cesación permanente de todas las aflicciones mentales, es el equivalente a la Budeidad si se obtiene con el deseo de liberar a todos los seres. El nirvana sin este deseo es un "nirvana inferior".

84 *Respecto a esta actitud...* Cita encontrada en f 168a-168b de las *Etapas Extensas del Sendero,* del Noble Tsongkhapa (entrada 61). Sharawa (1070–1141) era uno de los pilares de la antigua tradición Visionaria de los maestros budistas tibetanos; fue estudiante del gran Potowa y maestro del ilustre Chekawa.

85 *Sólo en el Tíbet...* La fuente original no se ha encontrado. La cita también aparece en las *Etapas Extensas,* del Noble Tsongkhapa.

86 *No es un practicante, la persona que ama esta vida…* Cita de p 436 de este "adiestramiento mental" clásico, del venerable Drakpa Gyaltsen (entrada 12, ver también nota 53). Los "cuatro amores" se clasifican de este modo:

- Amar esta vida, no hace de ti un practicante.
- Amar este mundo, no es la renuncia.
- Amar los propios intereses egoístas, no hace de ti un bodhisatva.
- Aferrarse a un "yo" real, no es la visión correcta.

87 *Tres veces seguidas y en voz alta.* Un relato completo del incidente se encuentra en la *Colección de Refranes de los Visionarios,* compilados por Tsunpa Chegom, ver f 21, entrada 18. Para información sobre el Noble Drom Tompa, ver nota 49.

88 *Shang Nachung Tompa.* El incidente con el Noble Atisha es relatado por el Noble Tsongkhapa en sus *Etapas del Sendero Extensas* (f 192a, entrada 61). Anécdotas similares aparecen en la *Liberación* de Pabongka (f 169a y 294a, entrada 47) y en la *Colección de Refranes de los Visionarios* (f 5b, entrada 18). Leemos en los *Anales Azules* que este estudiante era experto en las enseñanzas del Amoroso, el Buda Futuro, y las impartía a Monton Jungne Sherab, sobrino del renombrado traductor, Ma Lotsawa (p 232-3, entrada 94).

89 *Entran en reclusión…* La fuente de ésta y la siguiente cita no se han encontrado. Ambas aparecen en la *Liberación en Nuestras Manos* de Pabongka Rimpoché (f 171a, entrada 47). "Droway Gonpo" es un nombre que se le da a un número de sabios tibetanos, Pabongka Rimpoché añade la palabra "Gyer" antes del nombre en un ejemplo, pero aún así no queda claro a quien se le atribuyen las citas.

90. *Toda la práctica espiritual…* La fuente original de la cita no se ha encontrado. Ngari Panchen, cuyo nombre era Padma Wangyal (1487–1543) era un sabio de la tradición Nygma del Budismo tibetano.

91 ¡*Oh sabio mundano!* De la conocida epístola de instrucción espiritual que el gran filósofo budista, el Maestro Nagarjuna (200 D. C), envió al rey indio Ydayibhadra (f 42ª, entrada 6; para la traducción inglesa ver p 68, entrada 95).

92 *En la ciudad de los intereses diarios…* La fuente original de la cita no se ha encontrado. Las líneas también aparecen en el trabajo de Pabongka Rimpoché sobre las Etapas (f 169b, entrada 47). Es una práctica de los meditadores budistas ir a lugares aterradores, como un cementerio o un elevado precipicio, para observar y entender mejor el intenso sentimiento de "un yo autoexistente". Los cementerios en el Tíbet y la India eran especialmente aterradores porque los cuerpos no se enterraban bien, lo cual atraía a peligrosos animales salvajes. El gran Lingrepa, cuyo nombre completo es Padma Dordje (1128–1188), era un estudiante de Droway Gonpo Pakmo Drupa y fundó una de las órdenes de la tradición Kagyu del budismo tibetano.

93 *No sirve de mucho…* La cita se encuentra en su tratado sobre la práctica secreta de la "gran consumación" (p 221, entrada 76). Yang Gonpa, cuyo nombre completo era Gyal Tsen Pel (1213–1258) y su maestro Gu tsangpa Gonpo Dordje (1189–1258), también fueron padres fundadores de una de las órdenes de la tradición Kagyu.

94 *Diez riquezas últimas.* Vemos las raíces de estas diez riquezas en las instrucciones de Gueshe Shapowa, la *Colección de Refranes de los Visionarios* (f 47b – 48b, entrada 18).

95 *Y en los días en que mis enseñanzas…* La elocuente promesa del Buda aparece en el f414, entrada 28. El "hábito azafrán" es la vestimenta de un monje budista.

96 *En días futuros…* Tanto la fuente de ésta como de la siguiente cita no se han localizado.

97 *Gyalchok Kelsang Gyatso* (1708–1757) y *Panchen Lobsang Yeshe* (1663–1737). El primer personaje era el séptimo de los Dalai Lama, gobernadores temporales y espirituales del Tíbet. Construyó el Norbulingka, magnífico palacio de verano del Dalai Lama, y subvencionó un grabado impreso en bloques de madera para albergar la colección completa de más de 4.000 títulos del canon budista tibetano. El otro personaje fue el segundo de los Panchen Lamas, otro linaje supremo de líderes temporales y espirituales centrados en el gran monasterio de Tashi Lhunpo, en el sur del Tíbet. Era un erudito y practicante eminente del budismo, así como una de las figuras políticas más famosas de su época.

98 *Abandonaron también sus tronos y el hogar.* El Buda dejó de lado la oportunidad de convertirse en un Emperador del Mundo y fue, originalmente, el Príncipe Sidharta, hijo del rey Sudodhana y la Reina Maya, del vasto imperio Shakya al norte de la India. El Maestro Shantideva, gran filósofo budista y poeta del siglo octavo, era hijo del rey de Saurashtra en lo que ahora es Gujarat (norte de Bombay). El Noble Atisha, era el hijo del rey Kalyanashri y la reina Prabhavati, gobernadores del reino de Sahor en el siglo décimo en Bengal, alrededor de Calcuta; se decía que su poder era igual al del emperador de la China.

99 *El emperador de la China.* El incidente ocurrió en 1408 y los emisarios fueron enviados por Yung Lo, tercer emperador de la dinastía Ming. En su nombre, el Noble Tsongkhapa envió a Jamchen Chuje Shakya Yeshe, que posteriormente fundó el gran monasterio de Sera, donde Pabongka Rimpoché fue adiestrado 500 años más tarde. Los "Ocho más Puros" que siguieron al Maestro en su retiro fueron, Jamkarwa Jampel Chusang, Neten Sangkyongwa, Neten Rinchen Gyaltsen, Neten Jangsengpa, Lama Jampel Gyatso, Gueshe Sherab Drak, Gueshe Jampel Tashi, y Gueshe Pelkyong.

100 *Milarepa, de los días pasados…* El gran Wensapa (1505–1566) fue el erudito maestro de Kedrup Sangye Yeshe, que a su vez era maestro del primer Panchen Lama. El "Lobsang Dundrup" que se menciona en el verso es el mismo Wensapa, ya que ése era su nombre de ordenación. La ardiente referencia que hace a sus propios logros espirituales parece presuntuosa hasta que comprendemos que se está refiriendo a lo que desea ser, ya que el verso se encuentra en una sección de sus escritos titulados "Consejos para Mi" (ver f 26b, entrada 53).

101 *Hijo, si deseas mantener la práctica santa…* Las líneas citadas aparecen en la página 163 de la famosa biografía del Noble Milarepa, por su discípulo Rechung Dordje Drakpa (1083–1161). Ver entrada 36.

102 *De ningún modo mis amados sabrán…* Estas líneas se encuentran en la sección relativa al Noble Milarepa (f 72–100), en el *Océano de Canciones Kagyu* del Karmapa Mikyu Dordje (1507–1554). Ver entrada 58.

103 *Este cuerpo de ocio…* Otra cita de la versión breve de las *Etapas del Sendero a la Budeidad,* del Noble Tsongkhapa. Ver f 56a, entrada 63.

104 *Lo que entendemos por "ocio" es estar libre de las ocho maneras de carecer de oportunidad.* Estas son: sostener visiones erróneas, tales como creer que lo que haces no regresa a ti; nacer como un animal; nacer como un espíritu insaciable; nacer en los infiernos; nacer en una tierra donde las enseñanzas del Buda no estén disponibles; nacer en una tierra "incivilizada", donde nadie mantiene los votos de la moralidad; nacer como un humano que es deficiente mental o tiene algún impedimento que no le deja practicar las enseñanzas; y nacer como un ser de placer de larga vida en uno de los paraísos temporales (Noble Tsongkhapa p 135–7, entrada 61; Pabongka Rimpoché f 154b–156b, entrada 47; y Maestro Nagarjuna, p 95–6 de la traducción inglesa, entrada 95).

105 *"Fortuna".* Las "fortunas" que tenemos se dividen en dos grupos de cinco: las relacionadas con nosotros mismos –cualidades personales–, y las que se relacionan con los "demás", o el mundo externo. Las primeras cinco son: haber nacido como humano; haber nacido en una "tierra central", donde la gente mantiene los votos tradicionales de moralidad; haber nacido con todas las facultades intactas; no haber cometido las peores actividades malignas, tales como matar a los padres de uno; y tener fe en las enseñanzas. Las segundas cinco son: vivir en un mundo en el que ha venido un Buda; donde sus enseñanzas han sido proclamadas, donde la enseñanza oral no se ha perdido; donde la gente aún la practica; y donde los practicantes disfrutan del amable apoyo que necesitan (Noble Tsongkhapa, entrada 61, pp. 137–8; Pabongka Rimpoché, entrada 47, f 156b–158a).

106 *Reinos más agradables.* Estos incluyen a los seres que viven como humanos, como seres de placer completos en los paraísos temporales, y como seres de menos placer.

107 *beneficios de tener presente la muerte…* En su obra maestra, *Liberación en nuestras Manos,* Pabongka Rimpoché señala seis beneficios a tener en cuenta como consecuencia de pensar en la muerte: tu práctica se vuelve realmente pura; obtienes poder; estos pensamien-

tos te ayudan a empezar a practicar; te ayudan a esforzarte en tu práctica; te ayudan a concluir tu práctica con éxito; y a la hora de la muerte te vas satisfecho, pues sabes que tu vida ha sido significativa.

El Rimpoché también enumera seis problemas derivados de no tener en cuenta la muerte: desperdicias tu vida religiosa y pasas tus días pensando sólo en qué comer y qué vestir, las distracciones de esta vida; consideras la muerte de vez en cuando pero siempre pensando que vendrá más tarde y por este motivo retrasarás tu práctica; o practicas por una razón equivocada, pensando en tu reputación; practicas sin entusiasmo y lo dejas tras un tiempo; te hundes más en esta vida, tu actitud empeora y la vida te empieza a herirte; cuando te llegue la muerte sentirás un intenso arrepentimiento por haber desperdiciado todos tus esfuerzos en la vida presente.

Los tres principios para mantener la muerte presente en tu mente constan de tres razones para cada uno, sumando un total de nueve. En primer lugar, la muerte es segura: ningún poder en el universo es capaz de evitar la muerte cuando ésta llega; es imposible añadirle más tiempo a tu vida, te acercas a la muerte cada minuto e incluso mientras vives, el tiempo libre de que dispones para tu práctica antes de morir es extremadamente limitado.

El segundo principio es que el momento de la muerte es del todo incierto. Estamos en una época y en un reino donde el espacio de vida es incierto; podemos estar completamente seguros de que nunca tendremos el tiempo suficiente para derrotar a todos nuestros enemigos, proteger a nuestros amigos y además completar nuestra práctica religiosa antes de morir. Las cosas que pueden matarnos son muchas y las que pueden proteger nuestra vida son menos. Y, en general, el cuerpo que tenemos es frágil: una pequeña astilla en la mano puede infectarse y llegar a matarnos, somos como una burbuja, como la llama de una vela en medio de un huracán.

El tercer principio es que, en el momento de la muerte, nada puede ayudarnos excepto nuestra práctica espiritual. Ni tu dinero o pertenencias pueden ayudarte. Ninguno de tus amigos o familia puede ayudarte, te pueden coger con fuerza por tus brazos y piernas, pero te soltarás. Y ni tan siquiera tu propio cuerpo puede ayudarte

–tienes que dejar tu posesión más estimada, tu amado cuerpo, junto con todo lo demás–.

Estos tres principios pretenden despertar en nosotros tres determinaciones. Al saber que moriremos con toda seguridad, debemos determinarnos a empezar nuestra práctica. Al saber que podemos morir en cualquier momento, debemos dejar el trabajo mundano e inmediatamente empezar nuestra práctica, hoy mismo. Y, finalmente, puesto que al morir nada puede ayudarnos, debemos consagrarnos sólo a nuestra práctica. Un viajero que ha de recorrer muchos kilómetros no llena su mochila con cachivaches innecesarios.

Los puntos mencionados están extraídos de trabajos sobre las Etapas del Sendero del Noble Tsongkhapa (entrada 61, f 65–75) y Pabongka Rimpoché (entrada 47, f 168–182). Para el último punto mencionado en el texto, la meditación sobre lo que es morir, citamos a Rimpoché (f 182b 183a):

Lo intentan con todo tipo de tratamientos y rituales santos, pero tu condición empeora. Los médicos empiezan a engañarte. Tus amigos y familiares hacen comentarios animosos delante de ti, pero a tus espaldas ya van arreglando tus asuntos porque todos saben que vas a morir.

Tu cuerpo empieza a perder su ardor familiar. Te cuesta respirar, los orificios nasales se bloquean, los labios se encogen. El color de tu rostro se desvanece. Los signos repulsivos empiezan a aparecer, dentro y fuera de ti.

Piensas en todo lo malo que hiciste en tu vida y deseas intensamente nunca haberlas cometido. No puedes estar seguro de haberte desembarazado totalmente de ellas cuando las confesaste, en realidad, ni siquiera estás seguro de haber hecho algún acto realmente bueno en tu vida.

Luego viene el dolor final, el inexpresable dolor que acompaña a la muerte. Los bloques básicos con los que se ha construido tu cuerpo se están derrumbando como un domino; imágenes catastróficas y alucinaciones aterradores te ciegan, llenan tu mente y te arrastran. El mundo en el que has vivido se apaga. Alguien recoge tu cadáver, lo envuelve en una sábana y lo aparta en un rincón. Cuelgan una cortina para esconderlo. Alguien enciende una velita tenue y la deja allí. Si eres uno de aquellos Lamas reencarnados, te visten con hermosas ropas de ritual e intentan darte una buena apariencia.

Precisamente ahora estamos yendo de un lugar a otro para arreglarnos una bonita casa, tener suaves ropas y cómodas sillas. Pero todos conocéis la costumbre aquí, en Tíbet, cuando mueres te atan tus brazos y piernas al pecho con una cuerda de cuero, te llevan lejos de la ciudad y te tiran desnudo contra las rocas.

Precisamente ahora estamos yendo a casa, para prepararnos algo agradable que comer –pero ha de llegar el día en que rogaremos poder probar aquellos pasteles que son ofrecidos a los espíritus de los muertos. Precisamente ahora tenemos un gran nombre –nos llaman, doctor, profesor, respetado Señor o Su Reverencia–, pero llegará el día en el que al mirar nuestro cuerpo sólo pueden llamarnos "cadáver apestoso". Llegará un día en que el título que precederá tu nombre será "el finado" o "Aquel que se llamaba…".

Por tanto, ahora cuando vosotros, respetados Lamas de la audiencia, miráis vuestras ropas de ritual pensad que estas ropas serán las que vistan vuestro cadáver después de muertos. Y a todo el resto de la audiencia, cuando miremos nuestras sábanas, antes de acostarnos, recordemos que son las que amortajarán nuestros cuerpos apestosos cuando muramos. Tal y como dijo Milarepa:

> Aquel cadáver aterrador del que hablan es este mismo cuerpo que
> tu vistes, meditador

Con estas palabras nos insta a ver en nuestro propio cuerpo, el cadáver futuro.

108 *El mismo reino*. Ver nota 14

109 *La no virtud causa todo el sufrimiento…*Cita de f 116b del *Rosario de Joyas* del Maestro, entrada 3.

110 *Las tres joyas preciosas*. Denominadas así porque son supremas, valiosas y no se encuentran con frecuencia. El Buda, definido como la protección última, ser que ha completado la mayor bondad posible tanto para sí mismo como para los demás; el Dharma, los logros espirituales, y el final de los aspectos indeseables en la mente de una persona; y la Sangha o ser que ha percibido directamente la verdadera naturaleza de la realidad.

111 *Al monje denominado Lekhar.* Pasó muchos años al servicio del Buda pero era un completo fracaso a la hora de comprender sus enseñanzas. La penosa historia se encuentra en el capítulo doce del *Sutra del Nirvana Total* (f285b–418b vol 2 entrada 81) y otras referencias al respecto aparecen a menudo en literatura posterior: ver, por ejemplo, f 136b de *La Liberación,* de Pabongka Rimpoché (entrada 47); p 161 de las *Joyas* del gran Potowa (entrada 19) y f 5a del *Sendero al Gozo,* del Panchen Lama.

112 *Y también a Devadata.* Era un familiar cercano del Buda que por culpa de su envidia menospreció al Maestro. En ocasiones se le llama "montón" a la cantidad de escrituras que se podrían escribir con la tinta que puede transportar sobre su espalda el fantástico elefante mítico, Rabten. Se dice en un sutra que Devadata podía recitar las escrituras equivalentes a 60.000 cargas acarreadas por el gran elefante "Incienso". El Prof. Edgerton (p 271, entrada 92) hace numerosas referencias escriturales en relación a la historia del monje descarriado.

113 *Un antídoto apropiado.* El budismo nos enseña que hay cuatro fuerzas antídoto que, juntas, pueden eliminar el poder de cualquier acto negativo. La fuerza de la "base" consiste en pensar en quien ofendiste con tu acto y en quién te apoyarás para purificarlo. La fuerza de la "destrucción" es un intenso sentimiento de vergüenza y arrepentimiento por el acto que, con toda seguridad, regresará a ti para perjudicarte. La fuerza "contraria" es no volver a reincidir en el acto. La fuerza del "oponente" es llevar a cabo alguna práctica espiritual –confesar, meditar o cualquier buen acto– para borrar el poder de tu falta. (Ver Pabongka Rimpoché, entrada 47, f 109–113, 246– 8).

114 *Los diez actos negativos.* Las diez no virtudes a evitar en la práctica budista son un ligero resumen de los miles que podemos llegar a cometer. Estas diez incluyen tres del cuerpo (matar a cualquier ser, robar y llevar una mala conducta sexual); cuatro de la palabra (mentir, charlar para dividir, utilizar palabras duras y charlar en vano); y tres en la mente (codiciar las cosas ajenas, tener pensamientos perjudiciales y tener visiones erróneas, como creer que no hay conexión entre lo que haces ahora y lo que experimentas después).

115 *Ser realizado*. Cualquier persona que ha percibido directamente la "vacuidad", explicada en la sección de la visión correcta.

116 *El sendero empieza…* La fuente de esta cita no se ha encontrado.

117 *Revivir*. Este infierno se denomina así porque sus habitantes se apalean unos a otros hasta quedar sin sentido; luego reviven para volver a luchar. El proceso se repite una y otra vez durante miles de años hasta que estos seres consiguen morir.

118 *Palabras del Gentil*. Este trabajo se encuentra entre los principales de las Etapas del sendero a la Budeidad y fue compuesto por el "Gran Quinto" Dalai Lama, Ngawang Lobsang Gyatso (1617–1682), ver entrada 15. Este mismo Dalai Lama es autor de dos comentarios sobre los *Tres Senderos Principales* (entradas 16.17)

119 *Sendero de Gozo y Sendero Rápido*. El primer trabajo es otra de las explicaciones clásicas de las Etapas a la Budeidad y fue compuesta por el primer Panchen Lama, Lobsang Choky Gyaltsen (1570–1662), quien también era tutor del Quinto Dalai Lama. El segundo tratado es un comentario del primero, por el II Panchen Lama, Lobsang Yeshe (ver nota 97) y entradas 50, 54.

120 *Las disputas*. Se dice que, por culpa del apego y la envidia, los seres de placer menores entran en guerras frecuentes contra sus primos más gloriosos, los seres de placer mayores.

121 *Los ocho tipos de sufrimiento*. Los ocho sufrimientos son nacer, envejecer, enfermar, morir, pasar por cosas que son desagradables, perder lo que es agradable, intentar conseguir lo que uno desea, pero fracasar, y el sufrimiento de, sencillamente, estar vivo y contar con las partes impuras que nos forman (Noble Tsongkhapa, entrada 61, f 137–151; Pabongka Rimpoché, entrada 47, f 250 – 267).

122 *El Rey Aliméntame*. Era un rey legendario de antaño del que se cuenta que nació espontáneamente. Se le llama así porque las concubinas de su padre competían para darle el pecho al niño milagroso y así convertirse en Reina Madre. Su historia se menciona en muchos trabajos; ver la *Liberación* de Pabongka Rimpoché (f252a), así como la lista del *Diccionario* del Prof Edgerton, bajo el nombre sánscrito del rey Mandhata (p 430, entrada 92).

123 *Ten pocos deseos…* Este aforismo lo expone el gran filósofo budista Vasubandhu (300 después de Cristo) en el sexto capítulo de su clásico, *Tesoro del Conocimiento* (ver p 316–7, entrada 14).

124 *Si nunca antes…* Del elocuente manual para los bodhisatvas, del poeta y filósofo budista Shantideva (695–743) Cita f3a, entrada 71.

125 *Tres conjuntos y tres adiestramientos.* Ver nota 64.

126 *Oyentes y victoriosos auto realizados.* Practicantes que aún no han desarrollado la motivación más elevada para obtener la Budeidad en beneficio de todos los seres. Los "oyentes" son llamados así porque pueden escuchar las enseñanzas más elevadas y explicarlas a los demás, aunque ellos mismos no las practican. Los "victoriosos auto realizados" pueden alcanzar su objetivo sin necesidad de apoyarse en un guía espiritual en esta vida, ello se debe a la vasta instrucción recibida de incontables maestros en sus vidas pasadas.

127 *Perspectiva menor.* Ver nota 83

128 *"Destructores de enemigos".* Los que han derrotado para siempre al enemigo de las aflicciones mentales —tales como el deseo, el odio y la ignorancia— y así han obtenido el nirvana. Ver también nota 83.

129 *La Vida del Bodhisatva, Entrar en el Camino Medio y El Montón Raro.* El manual para bodhisatvas del Maestro Shantideva ya se ha mencionado en la nota 124. El tratado clásico sobre la visión correcta del Maestro Chandrakirti, el ilustre filósofo indio budista del siglo séptimo se abordará en el tercero de los senderos principales. En cada caso, los beneficios del deseo de conseguir la Iluminación aparecen en los versos de apertura. El *Montón Raro* es una sección aparte del canon budista que contienen unos 49 sutras diferentes. Uno de ellos se cita a menudo en las explicaciones del deseo de conseguir la Budeidad, es el *Capítulo de la Luz Protectora* (entrada 75); contiene descripciones elocuentes de los beneficios del deseo y la sección f 237 es particularmente interesante.

130 *Hace falta mencionar…* Cita en f 3a de este texto para bodhisatvas (entrada 71)

131 *Si el mérito…* Cita f352b de esta enseñanza del Buda (entrada 11).

132 *Mirada Amorosa.* La forma divina del Buda que representa toda su compasión. La práctica mencionada se puede aprender de un Lama cualificado.

133 *Comentario sobre la Percepción Válida.* Famoso tratado que forma la base para el estudio de la lógica formal en los monasterios budistas. Fue compuesto por el Maestro Dharmakirti (630 después de Cristo) como explicación al *Compendio sobre la Percepción Válida,* escrita por el Maestro Dignaga (450 después de Cristo), gran predecesor de las tradiciones de lógica budista. El razonamiento citado se encuentra en el segundo capítulo, la "Prueba de la Infalibilidad", que empieza en la línea 142 (f 108b–109a, entrada 22).

134 *Impedir que una persona caiga…*Explicaciones acerca de estos beneficios aparecen en el trabajo de Noble Tsongkhapa en el f 182–6 y 189 (entrada 61).

135 *Amor bondadoso.* Significa considerar a toda criatura como algo tan hermosos y querido como un hijo único. Este amor bondadoso es distinto al que se menciona en el texto.

136 *Veintidós formas del deseo.* Estas metáforas se encuentran en el f2b de la *Joya de las Realizaciones* (ver nota 69). Aquí, el deseo de obtener la Iluminación se compara a la tierra, al oro, al primer día de la luna, al fuego, a una mina, a un alijo de piedras preciosas, al océano, a un diamante, al rey de las montañas, a la medicina, a un guía espiritual, a una gema que concede los deseos, al sol, a una canción, a un rey, a un tesoro, a una carretera, a un corcel, a una fuente de agua, a un dulce sonido, a un río, y a una nube. Cada metáfora representa un nivel diferente de experiencia del deseo de obtener la Iluminación. El venerable Lama de Chone, Drakpa Shedrup (1675–1748) presenta una explicación concisa de cada una de ellas en su comentario (p 45–6, entrada 13).

La distinción entre el deseo de obtener la Iluminación que "aspira" y el que "se implica", se describe como la diferencia entre querer ir a algún lugar y empezar a andar de verdad con la determinación de llegar a él. En el segundo caso, uno ha tomado los votos formales del deseo y actúa con la intención consciente de obtener la Iluminación para todos los seres conscientes. Ver pág. 109–110 de entrada 31, comentario de la *Joya* de Kedrup Tenpa Dargye (1493–1568), un renombrado erudito de Sera Me.

137 *Los Nobles Sabios que lo han considerado…*La cita se encuentra en f2a; la referencia precedente está en f.7b (entrada 71).

138 *Su práctica principal…* De la versión breve de las *Etapas del Sendero* (p 310, entrada 63). El contexto entero es como sigue:

> Viga maestra del sendero mayor, el deseo; fundamento, apoyo para los de las actividades poderosas, elixir alquimista para convertir las dos acumulaciones; mina de oro de mérito, llena a rebosar de bondad. Los príncipes bodhisatvas, sabiendo esto, hacen de este deseo, que es como una joya preciosa, su práctica principal.

Las "dos acumulaciones" son el conocimiento y la virtud, que producen los cuerpos de un Buda (ver nota 32).

139 *Ritual de Eliminación.* No se han localizado los textos clasificados.

140 *Sutra de los Tres Montones….* Estas cuatro enseñanzas del Buda se encuentran en las entradas, 39, 21, 33 y 10 respectivamente.

141 *La oración del Buda, Dharma y Sangha.* Una oración tradicional para tomar refugio y desarrollar el deseo de obtener la Iluminación, es así:

> Voy por refugio hasta que alcance la Iluminación al Buda, Dharma y la Sangha más elevada. Por el mérito de dar y otros buenos actos hechos por mi pueda convertirme en un Buda para ayudar a todos los seres conscientes.

El Buda, Dharma y Sangha se explican en la nota 110.

142 *Estadios de la Meditación.* Esta cuestión la explica el Noble Tsongkhapa en f 89–92 de su breve, *Etapas en el Sendero* (entrada 60). En su versión más extensa f 191–202 (entrada 61) cita las *Estadios de la Meditación,* un tratado en tres partes del maestro Kamalashila, maestro budista del siglo octavo (entrada 1). Kamalashila era conocido por defender con éxito la enseñanza budista india de la meditación en presencia del rey tibetano Trisong Detsen. Sus oponentes eran monjes chinos que sostenían, equivocadamente, que meditar en la nada era beneficioso.

143 *Sendero de preparación.* El budismo describe otro grupo de cinco senderos o niveles de logro espiritual, los senderos de acumulación, preparación, visión, familiarización y "no más aprendizaje". Los cinco pertenecientes al sendero "mayor" difieren de los del sendero "menor" (ver nota 56).

144 *Los ocho niveles.* Se refieren a formas de meditación intensamente profundas que conducen a nacimientos posteriores en las ocho secciones de los reinos de la forma y sin forma, las cuales siguen siendo consideradas como sufrimiento (ver nota 14).

145 *Los mundanos meditan en la concentración...* El verso se encuentra en f44a-44b de esta famosa enseñanza del Buda (ver entrada 23). La cita que viene a continuación es el siguiente verso del sutra, del f44b. Las palabras en la edición que hemos dispuesto son ligeramente diferentes, aunque la intención es la misma. Udraka era un sabio no budista que, tras despertar de un largo periodo de meditación, se enfureció con unos ratoncitos que habían mordisqueado las impresionantes trenzas de su pelo. Por culpa de su odio, nació después en los infiernos.

146 *No hay una segunda puerta...* Cita de f 13b del trabajo del Maestro Aryadeva (ver entrada 40 y nota 79).

147 *La sabiduría que no está empapada del método...* Las líneas aparecen en el f 313a de este sutra famoso y se clarifica después (ver entrada 35).

148 *Por esta virtud puedan todos los seres...* Líneas finales de los *Sesenta Versos de Razonamiento* del Maestro, a menudo utilizadas hoy día como oración de dedicación después de la buena actividad de escuchar una enseñanza. Original de f22b, entrada 5.

149 *Con las alas...* Cita en f 212a de *Entrar en el Camino Medio* (ver entrada 74 y nota 129)

150 *La Comprensión que no Cesa.* Una enseñanza famosa del Buda que le pidió un discípulo llamado así (entrada 49). *La Raíz de la Sabiduría* del Maestro Nagarjuna (200 D de Cristo) está clasificado en la entrada 4, para otros trabajos de su famosa "Colección" ver la biografía de la traducción inglesa de su *Carta a un Amigo* (p 10, entrada 95).

151 *Los maestros Budapalita...* Para el comentario del Maestro Budapalita (500 D.C), ver entrada 85. El trabajo del Maestro Aryadeva ya ha sido registrado antes (ver nota 79) igual que *Entrar en el Camino Medio* del Maestro Chandrakirti (nota 129). Para *Una Clarificación de las Palabras*, ver entrada 73.

152 *No hay camino hacia la paz...* Del sexto capítulo del trabajo de Chandrakirti (f 205a, entrada 74). De manera breve, las "dos verdades" mencionadas son lo que normalmente denominamos "verdad engañosa" y "verdad última". Ambas son válidas y todos los objetos constan de las dos. La dependencia de los objetos (especialmente en el sentido descrito abajo, referente a conceptos y nombres) es su verdad convencional o engañosa. Su apariencia es "engañosa" porque a la mente de la gente normal aparecen como algo diferente de cómo son, en realidad. La verdad "última" (aquí denominada "real") de los objetos es su ausencia de no-dependencia y se percibe por vez primera directamente en el importantísimo estado meditativo conocido como "sendero de la visión". Ver esta verdad directamente hace cesar de inmediato el proceso a través del cual sufrimos.

153 *El estudiante de Nagarjuna fue Chandrakirti...* Las líneas son de su trabajo sobre las dos verdades; ver f 72a, entrada 56.

154 *Escuela Detallista.* Denominada así porque "consagran su estudio exclusivamente al comentario clásico conocido como *Exposición Detallada*, o también porque entienden el significado de la *Exposición*. (El Primer Dalai Lama, entrada 14p, 14).

155 *Escuela de las Escrituras.* Se dice que el nombre proviene de que "esta escuela de filósofos sostiene que la escritura (es decir, el sutra) es válida, pero niega la validez de los comentarios clásicos, como los *Siete Trabajos sobre el Conocimiento*.

156 *Escuela Solo Mente.* El nombre viene de la teoría de esta escuela en la que dice que "cada objeto existente es solo una parte de la mente", aunque esta descripción general aparece más refinada por la propia escuela.

157 *Hecho de una "sustancia" diferente.* Es decir, viene de cualquier causa principal o predisposición kármica diferente.

158 *Parte de la escuela del Camino Medio, "Independiente".* Esta escuela se denomina así porque sus seguidores abogan por un camino medio que evita el extremo de pensar que las cosas existen (de modo genuino) y el extremo de pensar que las cosas no pueden existir (si no existen de modo genuino). Los "Independientes" son una de las dos partes de esta escuela; ellos creen que se debe dirigir a una persona hacia la visión correcta de que las cosas están vacías de una existencia genuina cogiendo un objeto independiente y analizándolo en términos comunes –en lugar de empezar a partir de la propia visión incorrecta y tratar de demostrar lo absurdo de su posición–. Estos puntos son alumbrados por el gran Changya Rolpe Dordje –del que se dice que es una reencarnación anterior de Pabongka Rimpoché mismo– en su *Sistemas Comparativos* (p289, 305, 325 entrada 80).

159 *Consciencia válida.* Cualquier percepción "razonable" normal –la mayoría de nuestras percepciones cotidianas–. Lo opuesto serían aquellos casos infrecuentes en los que percibimos algo equivocado, como confundir una hoja que se mueve con un animal pequeño mientras conducimos el coche, o creer en algo irreal que vemos bajo la influencia del alcohol o las drogas.

160 *Sección de la "Implicación", de la escuela del Camino Medio.* Denominada así por su creencia de que una línea de razonamiento que ponga de manifiesto lo absurdo del punto de vista del oponente, es suficiente para despertar en su mente la visión correcta de la naturaleza de la existencia (de nuevo ver Changya Rolpe Dordje, p 407, entrada 80)

161 *Grupo "Funcionalista".* Se refiere al colectivo de las escuelas, Detallista, Escrituralista y Solo Mente, pues todas afirman que las cosas funcionales existen verdaderamente.

162 *El análisis en cuatro puntos.* Pabongka Rimpoché clasifica brevemente estos cuatro en su tratado sobre las Etapas (entrada 47, f 362 – 377):

1. *Identificar lo que niegas.* Cualquier objeto que pudiera existir verdaderamente. No puedes atrapar un ladrón si no sabes que aspecto tiene.

2. *Reconocer la necesidad.* Si un objeto existe verdaderamente, debe ser verdaderamente uno o verdaderamente muchos.

3. *Percibir que no es verdaderamente uno.* Si tu fueras verdaderamente tus partes, no podrías decir "partes", puesto que solo eres uno.

4. *Percibir que no es verdaderamente muchos.* Si tu fueras verdaderamente tus partes, cuando tomases cualquiera de ellas, ésta serías tu –del mismo modo en que te queda con una vaca, cuando tienes una cabra, una oveja y una vaca, y separas a la cabra y a la oveja–.

La conclusión es que, puesto que ni eres verdaderamente uno ni verdaderamente muchos, no existes verdaderamente. El Noble Tsongkhapa discute estos puntos en f 374–475 de sus *Etapas Extensas* (entrada 61)

163 *Visión innata destructible o visión de lo compuesto y transitorio.* Esta manera de considerar a las cosas se denomina "destructible", tanto porque se enfoca en el yo –y yo un día pereceré– como porque la visión errónea en sí misma un día será corregida y desaparecerá.

164 *Lo que llamamos autoexistencia…* Cita del comentario sobre los *400 Versos,* del Maestro Aryadeva (nota 79). Ver f187b, entrada 72.

165 *Puesto que cada objeto etiquetado…* Se encuentra en p 396 de la entrada 45.

166 *Como una ilusión…* La línea entera se encuentra en f 16ª del trabajo, entrada 70.

167 *al comprender el secreto…*La fuente de la cita no se ha encontrado.

168 *precioso maestro, Chone Lama.* Se refiere al maestro de Pabongka Rimpoché denominado Chone Gueshe Lobsang Gyatso Trin.

169 *así pues, esta prueba que se vale de la interdependencia…* Cita de, *Entrar en el Camino Medio,* f 206b – 207ª (entrada 74).

170 *Todo es correcto…* Cita de f 15a de la obra maestra del Maestro Nagarjuna (entrada 4)

171 *La forma es vacuidad…* Del famoso *Sutra del Corazón de la Sabiduría,* f. 259b (entrada 20).

172 *ocho pensamientos mundanos.* Se clasificaron en la sección VII en "Eliminar el deseo hacia esta Vida".

173 *tres incontables eones.* La palabra "incontables" aquí da a entender un número específico, 1 000, 000, 000, 000, 000, 000, 000, 000, 000,000,000,000,000,000,000,000,000. La longitud de un "eón" se describe de diversas maneras en las escrituras budistas y está vinculada a ciclos en el espacio de vida de los seres. Es suficiente con decir que abarca millones de años.

174 ¡*Etapas del sendero*! La fuente original de la cita no se ha encontrado. La *Liberación,* de Pabongka Rimpoché, atribuye en dos ocasiones las tres instrucciones a Gompa Rinchen Lama (entrada 47, f 168a, 334a) de quien se dice que había sido estudiante del Noble Atisha (ver las *Etapas Extensas* del Noble Tsongkhapa, entrada 61, f12a) y del Noble Drom Tompa (*Anales Azules*, entrada 94, p 264). Gueshe Dolpa, su nombre completo era Marshupa Rok Sherab Gyatso (1059–1131), fue un estudiante del gran Potowa y compiló las enseñanzas de su mentor en un texto famoso de la tradición Visionaria titulado *Libro Azul* (ver su comentario en entrada 89).

175 *No seas cobarde…*Del capítulo sobre el esfuerzo en el clásico del Maestro Shantideva (f 20a, entrada 71). "Los Que se han ido al Gozo" se refiere a los Budas.

176 *Glorioso Lobsang Drakpa.* Como se menciona en el prefacio, éste era el nombre de ordenación del Noble Tsongkhapa.

177 *Visualizaciones apropiadas.* La sección que sigue fue incluida en el comentario de Pabongka Rimpoché para beneficiar a discípulos ya familiarizados con la práctica: se traduce aquí como complemento, pero como cualquier otra enseñanza budista, precisa la guía personal de un Lama cualificado para que proporcione resultados exitosos.

178 *Campo de Acumulación.* Las pinturas tradicionales de esta visualización son relativamente comunes. Un buen ejemplo aparece en el catálogo del Museo Newark (ilustración p20, p 170, entrada 93). El nombre de la visualización muestra que estos seres santos son el mejor campo en el que sembrar las semillas de la Iluminación: las dos acumulaciones, mérito y sabiduría. El simbolismo de la pintura

viene cuidadosamente detallado en la *Liberación* (f 92–102, entrada 47) de Pabongka Rimpoché.

179 *Sendero de Gozo* o *Sendero Rápido*. Ver nota 119

180 *Sus mismas actitudes específicas*. Tal y como se explicó antes (nota 20), el practicante de motivación menor busca salvarse de los reinos inferiores. El practicante de motivación media espera escapar de todas las formas de vida de sufrimiento, incluso en reinos superiores. El practicante de motivación mayor comparte estas actitudes, pero busca igualmente asegurarse de que cada ser alcanza este objetivo.

181 *Cerdo negro*. También representa la ignorancia, la raíz de todo nuestro sufrimiento.

182 *Dos razones*. Estas son (1) temer los reinos inferiores y la vida cíclica en general, y (2) creer que las tres joyas tienen el poder de protegerte (ver nota 110).

183 *Los inconmensurables*. Estos son el amor bondadoso, la compasión, la alegría y la ecuanimidad inconmensurables. Se describen en un verso clásico como sigue:

- Puedan todos los seres conscientes obtener la felicidad y las causas de la felicidad.

- Puedan todos los seres conscientes liberarse del sufrimiento y lo que causa el sufrimiento.

- Puedan todos los seres conscientes jamás verse separados de la felicidad sin sufrimiento.

- Puedan todos los seres conscientes permanecer ecuánimes, libres de atracción hacia sus amigos y aversión hacia sus enemigos.

Estos cuatro pensamientos se denominan "inconmensurables" porque van dirigidos a un número incontable de seres y porque se obtiene un mérito inconmensurable al pensar en todos ellos. Existe otra serie de cuatro actitudes con los mismos nombres, conocida colectivamente como los "cuatro lugares del que es Puro". Pabongka Rimpoché explica en otra parte que, aunque el amor bondadoso de esta serie abarca a muchos seres conscientes, no llega a todos y, por ello, quien medita en él nace como el dios mundano denominado el que es Puro, cuya autoridad se extiende sobre muchos lugares, pero no los abarca a todos. Cuando uno se enfoca en todos los seres conscientes obtiene el nirvana "sin lugar" (más allá tanto de este mundo de sufrimiento como del nirvana inferior) como el que es Grande y Puro (otro nombre para un buda) (ver f 308b –309a, entrada 47).

184 *Deseo especial de obtener la Budeidad.* Las líneas dicen, "para beneficio de todos los seres, mis madres, haré todo lo necesario para obtener la preciosa Iluminación total, tan rápido como pueda. Por ello, ahora empezaré una meditación sobre la enseñanza de las Etapas del sendero a la Budeidad, utilizando el sendero profundo de la práctica que se centra en mi Lama, mi dios" (f 5a, entrada 26).

185 *Ocho mil Versos.* Uno de los sutras más famosos y elocuentes sobre la perfección de la sabiduría o visión correcta (entrada 83).

186 *El Gran Tutor, el Guardián del Diamante.* Probablemente se refiere al maestro raíz de Pabongka Rimpoché, Dakpo Lama Jampel Hlhundrup.

187 *Conocimiento que Revela el Mundo.* Ver nota 40 sobre estas líneas, compuestas por el Noble Tsongkhapa.

188 *Manual de Ofrecimiento a los Lamas.* Ver nota 43. El Gran Sello es una práctica de las enseñanzas secretas.

189 *Grupo Insuperable…grupo de la Acción.* Se refiere a las cuatro clases tradicionales de enseñanzas secretas.

190 *Conjunto Secreto, Aterrador, Gozo Más Elevado, Hevajra.* Los seres mencionados son formas adoptadas por el Buda para dar enseñanzas secretas; éstas pertenecen al grupo de "Insuperables".

191 *Mandala del cuerpo en el Ofrecimiento a los Lamas.* Ver p 44 – 7 del trabajo (entrada 51)

192 *Que este buen acto…* Versos finales de *El Conocimiento que Revela el Mundo* (p 207 – 8, entrada 65), son como sigue:

> Ojalá que este buen acto, encarnación de todos los llevados a cabo
> por mí mismo y los demás durante los tres tiempos,

> Nunca pueda llegar a dar, ni por un solo instante en las muchas
> vidas que nos esperan, un fruto que se convierta en cualquiera de
> las cosas que el mundo anhela:

Ganancias ventajosas, un poco de reputación, multitud de seguidores, deleites de la vida, regalos de otros y honores; Pueda, más bien, traer solo la incomparable Iluminación.

Que por las prodigiosas bendiciones de los Vencedores y sus hijos, por la verdad de que la interdependencia es infalible, por el poder de mi deseo de liberar a todos los seres, pueda todo aquello por lo que he rezado con pureza llegar a suceder.

193 *El salvador Serlingpa*. De nuevo se refiere al maestro raíz de Pabongka Rimpoché, Dakpo Lama Rimpoché (ver nota 186). Lama Serlingpa, también conocido como Dharmakirti (aunque no se trata del sabio del mismo nombre que compuso el *Comentario sobre la Percepción Válida*), era un gran maestro de las enseñanzas del deseo por la Iluminación. Vivió en lo que ahora es Indonesia e instruyó al Noble Atisha durante doce años (ver nota 49).

194 *Por el bien de cada ser consciente*. Entre los versos que pronunció Pabongka Rimpoché en su oración de dedicación final, estaba la siguiente. Extraído del final de *Las Cien Deidades del Paraíso de Gozo* (ver entrada 86), se trata de un texto sobre la práctica con el Lama, centrada en el gran Tsongkhapa, Lobsang Drakpa:

Que gracias a la virtud que he acumulado con este acto, puedan todos los seres y las enseñanzas recibir tanto beneficio como sea posible. Especialmente, pueda ayudarme a alumbrar eternamente la esencia interna de las enseñanzas que diera Lobsang Drakpa.

195 *Pensamiento de los Vencedores*. "Vencedores" se refiere a los budas. En nuestro mundo, las instrucciones de las *Etapas del sendero a la Budeidad* se han transmitido a través de dos grandes linajes: las Etapas sobre la visión correcta procedentes de discípulos del Maestro Nagarjuna, que las aprendió del ser divino Voz gentil; y las Etapas sobre el deseo de obtener la Iluminación procedentes de discípulos del Maestro Asanga, que las escuchó del Amoroso, el Buda Futuro.

Es una tradición propia de la poética tibetana intercalar el nombre de grandes personajes en el verso, a menudo con señales especiales bajo las sílabas apropiadas. Aquí las letras en cursiva representan el nombre entero de Pabongka Rimpoché. (Ver el Prefacio).

196 *Al ser derramadas de sus labios.* Metáfora poética basada en una creencia tradicional según la cual la mangosta vomita joyas. Las "diez fuerzas" son las diez formas supremas del conocimiento que posee un Buda, tal como conocer perfectamente lo que es real y lo que no lo es, o cómo madurarán exactamente los actos en una persona. Las palabras "fama deslumbrante" son un juego de vocablos en la segunda parte del nombre de ordenación del Noble Tsongkhapa, Lobsang Drakpa, puesto que *drakpa* significa "famoso".

197 *Su hijo, de un joven.* Se dice que el Noble Tsongkhapa en realidad, era un Buda que se apareció a sus discípulos en la forma de un bodhisatva, o un "hijo de los Vencedores". La palabra "hijo" es una alusión al aspecto juvenil con el que se manifiesta a veces Voz Gentil.

198 *Ochenta mil.* Se refiere a 84.000 grupos diferentes de enseñanza o "montones de escrituras" impartidos por los Budas (ver nota 112).

199 *Mundo y la paz.* Se refiere, en este caso, al mundo y a lo que lo trasciende.

200 *Dos cuerpos.* Ver nota 32. El cuerpo mental es causado principalmente por la visión correcta; el cuerpo físico, por las actividades cuya motivación es el deseo de alcanzar la Iluminación. Ver también texto relativo a la nota 148.

201 *Tres tipos de amabilidad.* En la tradición de las enseñanzas públicas, un Lama concede a su estudiante la amabilidad de instrucciones personales, transmisiones orales y explicaciones formales de la escritura. En la tradición secreta, le concede la iniciación, la explicación y demás consejos.

202 *Suddhi Vadzra.* Transliteración tibetana del equivalente sánscrito del nombre del redactor tibetano, Lobsang Dordje. Su hogar estaba en Den Ma, en el sudeste del Tíbet (ver también el prefacio).

203 *Tashi Chuling.* Montaña con ermita de Pabongka Rimpoché. Ver el Prefacio.

204 *Gungtang.* Se refiere a Gungtang Jampeyang, ver nota 62. Esta "llave" de los *Tres Senderos Principales* se encuentra en su colección de trabajos (ver entrada 9) y viene seguida de una instrucción (entrada 8) sobre cómo realizar una sesión de meditación formal en

los tres senderos, utilizando las líneas del texto original del Noble Tsongkhapa.

205 *seis preliminares*. Las seis prácticas previas a una sesión de meditación son: limpiar la habitación y colocar el altar, poner ofrecimientos, sentarse en la posición adecuada y preparar la mente con los pensamientos del refugio y el deseo por obtener la Iluminación, visualizar la asamblea tradicional de seres santos, hacer los pasos para acumular virtud y eliminar malos actos y luego suplicar a los Lamas. Ver también nota 177.

206 Algo así como una mente equilibrada. La frase en sí tiene un doble sentido, puesto que el primer paso del segundo sistema es la ecuanimidad hacia todos los seres (ver sección XII, "Cómo fomentar el deseo de obtener la Iluminación").

207 *"Piensas en lo que les sucede"*. Esta frase ha sido extraída del octavo verso del texto raíz del Noble Tsongkhapa.

208 *Tashi*. Nombre propio muy común en Tíbet.

209 *Lejos de la visión correcta*. Los principios de las escuelas inferiores budistas, relativos a la "carencia de autoexistencia", han sido explicados antes en la sección XIV ¿"Por Qué Necesitas la Visión Correcta"?

210 *Descastados*. Escuela filosófica de la antigua India, considerada una de las más toscas porque no aceptaba el concepto de vidas pasadas y futuras, ni la relación entre los propios actos y las experiencias presentes.

211 *la casa de Hlalu*. Célebre familia aristocrática del viejo Tíbet. Sus posesiones principales estaban localizadas al noroeste de Lhasa, en la carretera que va al monasterio de Drepung.

Bibliografía

Nos gustaría agradecer la ayuda de Robert Lacey, Artemus Engle y Susan Menheit en recopilar las notas y la bibliografía. La información sobre muchos de los trabajos y autores mencionados aún no está estandarizada; la mayoría de fechas u datos han sido cogidos de Roerich Vostrikov, y están disponibles en las listas de la Biblioteca del Congreso. Estas últimas son una importante fuente de recursos, resultado de los esfuerzos abnegados de E. Gene Smith trabajando con el programa de textos extranjero
s del SFCP de la Biblioteca.

Algunos de los trabajos clasificados abajo incluyen la paginación tibetana y occidental; vienen indicados con "f" (folio) y "p" (página). Se usan las siguientes abreviaturas

KG: bKa-gyur. Colección de escrituras budistas en 101 volúmenes. Lhasa: Zhol par-khang, 1934; edición en microfiche Stony Brook, New York: Instituto para Estudios Avanzados de las Religiones del Mundo. 1974.

TG: bsTan-gyur conjunto de comentarios budistas en 209 volúmenes. Edición Chone. Edición microfiche también disponible en IASWR

Toh: Profesor Hakuju, *A Complete Catalogue of the tibetan buddhist canon* en 2 volúmenes.

Kanakura, Prof Yensho. Catalogue of the Tohoku University Collection of Tibetan Works on Buddhism. Sendai, Japan. El Seminario de Indología, Universidad de Tohoku. 1953 (para referencias n50001-7083)

A) Trabajos en tibetano y sánscrito

1 (Slob. Dpon) Kamalashila. BsGompairimpa (Bhavanakrama), ff. 22a-42b (primero); 42b-56b (segundo); 56b-70a (tercero); vol. 31 (ki) en la sección dBuma de la TG. Toh refs. 3915, 3916, 3917.

2 (SASKYAPANDITA) KUNDGA'RGYALMTSAN. sDompa gsumgyi rabtu dbyeba'i bstanbcos bzhugs-so. SGangtog: n.p., 1967?, 101 ff.

3 (DPALMGON 'PHAGSPA) KLUSGRUB (NAGARJUNA). rGyalpo la gtambyabarinpoche'i phrengba (Rajaparikatharatnamala), ff. 116a-135a, vol. 93 (ge) en la sección de sPringyig de la TG. Toh ref. 4158.

4 dBuma rtzaba'i tsigle'ur byaspa shesrab cesbyaba (rTzaba shesrab) (Prajnanamamulamadhyamakakarika), ff. 1a-19a, vol. 17 (tza) en la sección de dBuma de la TG. Toh ref. 3824.

5 Rigspa drugcupa'i tsigle'ur byaspa zhesbyaba (Yuktisastikakarikanama), ff. 20a-22b, vol. 17 (tza) en la sección de dBuma de la TG. Toh ref. 3825.

6 bShes-pa'i springyig (Suhrllekha), ff. 40b-46a, vol. 94 (nge) en la sección de sPringyig de la TG. Toh ref. 4182.

7 (DBALMANG) DKONMCHOG RGYALMTSAN. Lamgyi gtzobo rnam gsum gyi zintho, pp. 531-552, vol. 5 de los libros coleccionados. Nueva Delhi: Gyaltan Gelek Namgyal, 1974, 629 pp.

8 (GUNGTHANG 'JAMPA'I DBYANGS) DKONMCHOG BSTANPA'I SGRONME. Lam gyi gtzobo rnamgsum rtzatsig gi steng nas gzhungsbsrangs te, nyamssu lentsul, pp. 641-49 en vol. 3 (ga) de los libros coleccionados. Nueva Delhi: Gedan Sungrab Minyam Gyunphel Series, Ngawang Gelek Demo, 1972, 934 pp.

9 Lamgtzo'i zinbris gsangba'i ldemig, pp. 639-40 appended to Byangchub kyi sems gnyis sgomtsul thegpa mchog gi 'jugngogs zhesbyaba bzhugsso, pp. 621-40 en vol. 3 (ga) de los libros coleccionados (ibid).

10 ('Phagspa) bsKalpa bzangpo zhesbyaba thegpa chenpo'i mdo (mDosde bskalbzang) (Aryabhadrakalpikanamamahayanasutra), ff. 1b-548a, vol. 1 (ka) en la sección de mDomang de la KG. Toh ref. 94.

11 ('Phagspa) Khyimbdag dPasbyin gyis zhuspa zhesbyaba thegpa chenpo'i mdo (variant spellings dPa' y dPal) (Aryaviradattagrhapatipariprcchanamamahayanasutra), ff. 339a-355a, vol.5 (ca) en la sección de dKonbrtzegs de la KG, etc. Tohoku ref. 72.

12 (RJEBTZUN) GRAGS-PA RGYAL-MTSAN. Zhenpa bzhibral bzhugsso, pp. 436-39 de la colección Semsdpa' chenpo dKonmchog rgyalmtsan gyis phyogsbsgrigs mdzadpa'i blosbyong brgyartza dang dkarchag gdungsel zlaba bcas bzhugsso. Dharamsala, India: Shesrig parkhang, 1973, 478 pp.

13 (CONE RJEBTZUN) GRAGS-PA BSHAD-SGRUB. RGyan gyi tika zhesbyaba bzhugsso. Bylakupe, India: Monasterio de Sermey Printing Press, 1988, 233 pp.

14 (RGYALBA) DGE-'DUN GRUB-PA. Dampa'i chos mngonpa mdzod kyi rnampar bshadpa tharlam gsalbyed cesbyaba. Varanasi, India: W'ana mthoslob dgeldan spyilas khang, 1973, 391 pp. Toh ref. 5525.

15 (RGYAL-MCHOG LNGA-PA) NGAGDBANG BLOBZANG RGYAMTSO. Byangchub lam gyi rimpa'i 'khrid-yig 'Jam-pa'i dbyangs kyi zhallung zhesbyaba bzhugsso. Thimbu: Kunbzang stobsrgyal, 1976, 108 ff. Toh ref. 5637.

16 Lam gyi gtzobo rnam gsum gyi mchan-'grel, 4 ff. En vol. 12 (na) de la colección de libros, edición encontrada en el Beinecke Rare Book and Manuscript Library, Yale University Library, New Haven. Toh ref. 5641.

17 Lamgyi gtzo rnam gsum gyi dgongs 'grel, 4 ff. En vol. 12 (na) de libros coleccionados (ibid).

LCANG-SKYA ROL-PA'I RDO-RJE: ver (lcang-skya rol-pa'i rdo-rje) Yeshes bstanpa'i sgronme.

18 (BTZUN-PA) LCE-SGOM. bKa'gdams kyi skyesbu dampa rnams kyi gsungbgros thorbuba rnams bzhugsso, ff 1b-51ª de 60. N. p., n. d.: reimpresión moderna india patrocinada por dGeslong Thubbstan donyod con un "oración" impresa por sKyabsrje Khribyang rinpoche. Nota: Hay alguna confusión sobre la fecha del autor y su nombre exacto. Nosotros vemos la variante sPyilsgom rdzongpa Shesrab rdorje en la bKa'gdams chos'byung de Panchen bSodnams

grags pa; allí hay también un lCebtzun Sengge dbangphyug dibujado en la iconografía de Lokesh Chandra (figura 1722, ver entrada 90 debajo).

19 LCESGOMPA (SHESRAB RDORJE). DPechos rinchen spungspa'i 'bum'grel. Sarnath, Varanasi: El placer de los dichos elegantes 'printing press', 1965, 366 pp.

20 bComldan 'dasma shesrab kyi pharoltu phyinpa'i snyingpo (Shesrab snyingpo) (Bhagavatiprajnaparamitahrdaya), ff. 259a-261a, vol. 1 (ka) en la sección Sherphyin snatsogs de la KG. Toh ref. 21 (también encontrado en 531).

21 ('Phagspa) bComldan'das sman gyi bla baid'urya'i 'odkyi sngon gyi lam gyi khyadpar rgyaspa zhesbyaba thegpa chenpo'i mdo (sMan bla'i mdo) (Aryabhagavatobhaisajyaguruvaiduryaprabhasyapurvapranidhanavisesavistaranamamahayanasutra), ff. 419a-433b, vol. 9 (ta) en la sección rGyud de la KG. Toh ref. 504.

22 (SLOBDPON) CHOSKYI GRAGSPA (DHARMAKIRTI). Tsadma rnam'rel gyi tsigle'r byaspa (Pramanavarttikakarika), ff. 94a-151b, vol. 95 (ce) en la sección Tsadma de la TG. Toh ref. 4210.

23 ('Phagspa) Chosthamscad kyi rangbzhin mnyampa nyid rnampar sprospa tingnge'dzin gyi rgyalpo zhesbyabathegpa chenpo'i mdo (mDo tingnge'dzin gyi rgyalpo) (Aryasarvadharmasvabhavasamatavipañcitasamadhirajanamamahayanasutra), ff. 1b-269b, vol. 9 (ta) en la sección mDomang de la KG. Toh ref. 127.

24 mChog gi dangpo'i sangsrgyas las byungba rgyuyd kyi rgyalpo dpal dus kyi 'khorlo zhesbyaba (Paramadibuddhoddhrtasrikalacakranamatantraraja), ff. 28b-186b, vol. 1 (ka) en la sección rGyud'bum de la KG. Toh ref. 362.

25 ('Phags-pa) 'Jamdpal yeshes semsdpa'i dondampa'i mtsan yangdagpar brjodpa ('Jamdpal mtsanbrjod) (Manjusrijñanasattvasyaparamarthanamasamgiti), ff. 1b-19a, vol. 1 (ka) de la sección rGyud de la KG. Toh ref. 360.

26 (DVAGSPO BLAMA RINPOCHE) 'JAMDPAL LHUNGRUB. Byangchub lam gyi rimpa'i dmarkhrid myurlam gyi sngon 'gro'i 'don gyi rimpa khyerbde bklagschog bskalbzang mgrinrgyan zhesbyaba bzhugsso. Kalimpong, India: Trabajos Imprenta Mani, c. 1965, 25 ff.

27 (KUNMKHYEN) 'JAMDBYANGS BSHADPA'I RDORJE. Rjebtzun Tzongkhapa chenpo'i rnamthar rasbris kyi tsul brgya ngagsumpa tzintamani'i phrengba thubbstan rgyasbyed phanbde'i rolmtso chenpo, pp. 285-336 de vol.4 (nga) de trabajos coleccionados. Nueva Delhi: Ngawang Gelek Demo, 1972.

28 ('Phagspa) sNyingrje padma dkarpo zhesbyaba thegpa chenpo'i mdo (sNyingrje paddkar) (Aryakarunapundarikanamamahayanasutra), ff. 209b-474a de vol. 6 (cha) en la sección mDo-mang de la KG, etc. Toh ref. 112.

29 (SLOB-DPON) RTA-DBYANGS (ASVAGHOSA). Bla-ma lngabcupa (Gurupañcasika), ff. 9b-11b, vol. 207 (tsu) en la sección rGyud de la TG. Toh ref. 3721.

30 BSTANDAR LHARAMSPA. Lam gyi gtzobo gsum gyi 'grelpa 'dod'jo 'i dpagbsam zhesbyaba bzhugsso, pp. 323-370, vol. 1 (ka) de trabajos coleccionados. Nueva Delhi: Lama Guru Deva, 1971, 755 pp.

31 (MKHAS-GRUB) BSTANPA DAR-RGYAS (DPAL BZANGPO). Bs-Tanbcos mngonpar rtogpa'i rgyan rtza 'grel gyi spyidon rnambshad snyingpo rgyan gyi snangba zhesbyaba bzhugsso (Pharphyin spyidon). Nueva Delhi: impreión patrocinada por Geshe Lobsang Tarching, 1980, 604 pp.

32 (A-CHI THU-NO-MON-HAN BLO-BZANG YE-SHES) BSTAN-PA RA-BRGYAS. Trabajos coleccionados. Dharamsala, India: Biblioteca de trabajos tibetanos y archivos, 1985. Toh refs. 6199-6257.

33 ('Phagspa) Tharpa chenpo phyogssu rgyaspa 'gyodtsangs kyis sdig sbyangs te sangs rgyas su grubpar rnampar bkodpa zhesbyaba thegpa chenpo'i mdo (Tharpa chenpo'i mdo) (Aryamahamoksadisunpusyakrokramtyapapamsodhananamaviharatisma), ff. 423a-506a, vol. 21 (zha) de la sección mDomang de la KG. Toh ref. 264.

34 (SLOB-DPON) DANDI (DBYUG-PA-CAN) (DANDIN). sNyangag melong (Kavyadarsa), ff. 322a-345b, vol. 118 (se) en la sección sGramdo de la TG. Toh ref. 4301.

35 ('Phags-pa) Drima medpar gragspas bstanpa zhesbyaba thegpa chenpo'i mdo (Aryavimalakirtinirdesanamamahayansutra),

ff. 270b-376b, vol. 14 (pha) en la sección mDomang de la KG. Toh ref, 176.

36 (RAS-CHUNG) RDO-RJE GRAGS-PA. RNal- 'byor gyi dbangphyug dampa rjebtzun Milaraspa'i rnamthar tharpa dang thamscad mkhyenpa'i lamston bzhugsso. Edición moderna de bloques 'almacenados' en el Monasterio de Chitari en Kulu Manali, India, 639 pp.

37 (DNGUL-CHUNG) RDO-RJE GRAGS-PA. RNal'byor gyi dbangphyug dampa rjebtzun Milaraspa'i rnamthar tharpa dang thamscad mkhyenpa'i lamston bzhugsso. Edición moderna de bloques almacenados en el Monasterio de Chitari, en Kulu Manali, India, 639 pp.

38 Lam gyi gtzobo gsum gyi 'khridyig skalldan 'jugngogs sogs, pp. 133-145 en vol. 3 del conjunto de trabajos (ibid), 799 pp. Toh Ref. 6342.

PHA-BONG-KHA-PA: ver (sKyabs-rje Pha-bong-kha-pa rje-btzun) Byams-pa bstan-'dzin 'phrin-las rgya-mtso (dpal bzang-po).

39 ('Phags-pa) Phungpo gsumpa zhesbyaba thegpa chenpo'i mdo (Phungpo gsumpa'i mdo) (Aryatristkandhakanamamahayanasutra), ff. 133b-164a, vol. 22 (za) de la sección mDo-mang de la KG. Toh ref. 284.

40 (SLOB-DPON) 'Phagspa lha (ARYADEVA). BsTanbcos bzhibrgyapa zhesbyaba'i tsigle'ur byasba (bZhibrgyapa) (Catuhsatakasastrakarikanama), ff. 1a-18a, vol. 18 (tsa) en la sección de dBu-ma de la TG. Toh ref. 3846.

41 (RGYAL-DBANG) 'PHRIN-LAS RNAM-RGYAL. 'Jammgon chos kyi rgyalpo Tzongkhapa chenpo'i rnamthar thubbstan mdzespa'i rgyan gcig ngomtsar norbu'i 'phrengba (rNam-thar chen-mo). Sarnath, India: Sa-ra-na-tha'i legsbshad gtermdzod khang, 1967, 636 pp.

42 Bodrgyga tsigmdzod chenmo, 3 vols. Beijing: Mi-rigs dpeskrun khang, 1985.

43 (RJE-BTZUN) BYAMS-PA (MAITREYA). Theg-pa chen-po'i mdosde'i rgyan zhesbyaba'i tsigle'ur byaspa (Mahayanasutralamkaranamamkarika), ff. 1a-37a, vol. 44 (phi) en la sección Semstzam de la TG. Toh ref. 4020.

44 Shesrab kyi pharol tu phyinpa'i manngag gi bstanbcos mngonpar rtogspa'i rgyan zhaesbyaba'i tsigle'ur byaspa (Mngon rtogs rgyan) (Abhisamayalamkaranamaprajnaparamitopedesasastrakarika), ff. 1a-13a, vol. 1. (ka) en la sección Shes phyin de la TG. Toh ref. 3786.

45 (SKYABS-RJE PHA-BONG-KHA-PA RJE-BTZUN) BYAMS-PA BS-TAN-'DZIN 'PHRIN-LAS RGYA-MTSO (DPAL BZANG-PO). Bcomldan'das dpal rDorje 'jigsbyed dpa'bo gcigpa'i sgrubthabs bdud las rnamrgyal gyi ngag'don nag'gros blodman lasdangpopa la khyer bdebar bkodpa bzhugsso, pp. 377-451 en Blama'i rnal'byor dang yidam khag gi bdag bskyed sogs zhal'don gcesbtus bzhugsso. Dharamsala, India: Impresión Tibetano Cultural, 1985, 704 pp.

46 rDorje 'chang Phabongkhapa dpal bzangpos lamgtzo'i zabkhrid stzalskabs kyi gsungbshad zinbris lambzang sgo'byed cesbyaba bzhugsso. Impreso de Lhasa esponsorado por la familia Lha-klu, c. 1930, 41 ff. Comprises pp. 375-455 en vol. 8 (nya) de trabajos reunidos, Nueva Delhi: Chopel Legden según las instrucciones de Kyabje Trijang Rinpoche, 1973.

47 rNamgrol lagbcangs su stodpa'i manngag zabmo tsang la manorba mtsungmed choskyi rgyalpo'i thugsbcud byangchub lam gyi rimpa'i nyamskhrid kyi zinbris gsungrab kun gyi bcudbsuds gdamsngag bdudrtzi'i snyingpo zhesbyaba bzhugsso (Lamrim rnamgrol lagbcangs). Bloques en el Monasterio de dGa'ldan, Mundgod, India: Indian patrocinado por sKyabsrje Khribyang rinpoche Blobzang yeshes bstan'dzin rgyamtso, c. 1974, 392 ff.

48 Byebrag tu rtogspar byedpa chenpo (Mahavyutpatti), 2 vols. Tokio: ed. Ryozaburo Sakuki, 1962. Tambien en ff. 1a-131a, vol. 125 (co) en la sección sNatsogs de la TG. Toh ref. 4346.

49 ('Phags-pa) Blogros mizadpas bstanpa zhesbyaba thegpa chenpo'i mdo (Aryaksayamatinirdesanamamahayanasutra), ff. 122b-270b, vol. 14 (pha) en la sección mDomang de la KG. Toh ref. 175.

BLO-BZANG GRAGS-PA: ver (rGyalba rJe) Tzongkhapa (chenpo Blobzang gragspa)

50 (PANCHEN) BLO-BZANG CHOS KYI RGYALMTSAN (DPAL BZAN-GPO). Byangchub lam gyi rimpa'i dmarkhrid thamscad mkhyenpar

bgrodpa'i bdelam zhesbyaba bzhugsso (bDelam). N. P., n.d., edición bloque de leña en papel Tibetano en posesión de Geshe Lobsang Tarchin, 31 ff. Toh ref. 5944.

51 Zablam blama mchodpa'i choga bdestong dbyermedma (Blama mchodpa), pp. 39-68 de Blama'i rnal 'byor dang yidam khag gi bdagbskyed sogs zhal'don gcesbtus bzhugsso. Dharamsala, India: Impreso Cultural Tibetano, 1985, 704 pp.

52 (THU'U-BKVAN DHARMA BADZRA) BLO-BZANG CHOS NYIMA. Colección de libros, vol. 1 (Ka). New Delhi: Ngawang Gelek Demo, 1969, 966 pp. (10 vols. Total).

53 (DBENSAPA) BLOBZANG DONGRUB. Rang la gdampa bdechen gtermdzod sogs thorbu skor, ff. 20b-35a, vol. 1 (ka) de la colección de trabajos. New Delhi: Don 'grub rdorje, 1976, 131 pp.

54 (PANCHEN) BLO-BZANG YE-SHES. Byangchub lam gyi rimpa'i dmarkhrid thamscad mkhyenpar bgrodpa'i myurlam zhesbyaba bzhugsso (Myurlam). Reimpresión moderna India patrocinada por Blobzang dpalsgron, pregaria concluida por sKyabsrje Gling rinpoche, 87 ff. Toh ref. 6980.

55 (SKYABSRJE KHRIBYANG RINPOCHE) BLOBZANG YE SHES BSTAN 'DZIN RGYAMTSO, ed. Rigs dang dkyil'khor rgyamtso'i khyabbdag He-ru-ka: dpal ngursmrig garrol skyabs gcig Phabongkhapa bDechen snyingpo dpal bzangpo'i rnampar tharpa donldan tsangspa'i dbyangssnyan zhesbyaba bzhugsso, pp. 5-592 de vol. I, pp. 1-542 de vol. II. Nueva Delhi: Ngawang Sopa, 1981.

DBENSAPA: ver (dBensapa) Blobzang dongrub.

56 (DPAL) MARME MDZAD YESHES (DIPAMKARA SRIJNANA). Bdenpa gnyis la 'jugpa (Satyadvayavatara), ff. 71b-73a, vol. 30 (a) en la sección dBuma de la TG. Toh ref. 3902.

57 Byangchub lam gyi sgronma (Bodhipathapradipa), ff. 242a-245a, vol. 32 (khe) en la sección dBuma de la TG. Toh ref. 3947 (también encontrado en 4465).

58 (KARMA-PA) MIBSKYOD RDORJE. MChog-gi dngosgrub mngondu byedpa'i myurlam bka'brgyud blama rnams kyi rdo rje'i mgurdbyangs yeshes char 'bebs ranggrol lhungrub bdechen rab

'bar ngesdon rgyamtso'i snyingpo (bKa'brgyud mgurmtso). Sikkim: Monasterio de Rumtek, impresión moderna, 142 ff.

59 RMOG-LCOG SPRUL-SKU. Lam gyi gtzobo rnam gsum gyi mchan-'grel bzhugsso, pp. 2-9 de la colección Lam gyi gtzobo rnam gsum dang de'i 'grel-pa, rMog-lcog gsungmgur rnams gzhugsso. N.p., n.d.: preparado en forma de libro occidental, pregaria impresa de Nang-sog P'a-ru' ang su-nyid-shog gi mchogsprul Chosrje blama et al., 35 pp.

60 (RGYAL-BA RJE) TZONG-KHA-PA (CHEN-PO) BLO-BZANG GRAGS-PA). sKyesbu gsum gyi nyamssu blangba'i byangchub lam gyi rimpa (Lamrim chungpa), pp. 4-406. Vol. 14 (pha) de trabajos coleccionados. Nueva Delhi: impresión patrocinada por Geshe Lobsang Tarchin, 1979. Toh ref. 5393.

61 mNyammed Tzongkhapa chenpos mdzadpa'i byangchub lamrim cheba (Lamrim chenmo), pp. 33-1077, vol. 13 (pa) de la colección de trabajos (ibid). Toh ref. 5392.

62 rJebtzun 'Jampa'i dbyangs kyi lam gyi gnad rJe Redmda'ba la shogdrill du phulba bzhugsso, pp. 671-81, vol. 14 (pha) de la colección de trabajos (ibid). Toh ref. 5397.

63 Byangchub lam gyi rimpa'i nyamslen gyi rnamgzhag mdorbsdus (Lamrim bsdus don), pp. 308-13, vol. 2 (kha) de la colección de trabajos (ibid). Toh ref. 5275 (59).

64 Byangchub semsdpa'i semsdpa'i chenpo rTagtu ngu'i rtogspa brjodpa'i snyandngags dpagbsam gyi ljonpa zhesbyaba, pp. 397-444, vol. 2 (kha) de la colección de trabajos (ibid). Toh ref. 5275 (70).

65 Byinrlabs nyebrgyud kyi blama rnams la gsolba 'debspa dngosgrub kyi snyema (mKhyen srid ma), pp. 206-8, vol. 2 (kha) de la colección de trabajos (ibid). Toh ref.5275 (2).

66 Blama lngabcupa'i rnambshad slobma'i reba kunskong zhesbyaba, pp. 315-71, vol. 1 (ka) de la colección de trabajos (ibid). Toh ref. 5269.

67 Blama dBumapa la mDokhams su phulba'i cgabshog, pp. 334-7, vol. 2 (kha) de la colección de trabajos (ibid). Toh ref. 5275 (65).

68 Lam gyi gtzobo rnam gsum, pp. 584-6, vol. 2 (kha) de la colección de trabajos (ibid). Toh ref. 5275 (85).

69 Tsakhoba mKhanchen Ngagdbang gragspas phrinyig springs byungba'i lan, pp. 580-4, vol. 2 (kha) de la colección de trabajos (ibid). Toh ref. 5275 (84).

70 (SER SNGAGS) TSULKHRIMS DAR RGYAS. DPal 'Khorlo sdompa grubchen Drilbu zhabslugs lhalngga'i sgrubdkyil gyi choga'i chogbsgrigs bdechen 'dod'jo'i bumbzang zhesbyaba las mngonrtogs kyi rimpa bzhugsso. Lhasa: impresión patrocinada por sMinskyid chosgron, "1921", 46 ff.

71 (SLOB DPON) ZHI-BA LHA (SHANTIDEVA). Byangchub semsdpa'i spyodpa la 'jugpa (Bodhisattvacaryavatara), ff. 1a-39a, vol. 26 (la) en la sección dBuma de la TG. Toh ref. 3871.

72 (DPAL-LDAN) ZLA-BA GRAGS-PA (CANDRAKIRTI). Byangchub semsdpa'i rnal 'byor spyodpa bzhibrgyapa'i rgyacher 'grelpa (Bodhisatvayogacaryacatuhsatakatika), ff. 29a-236a, vol. 24 (ya) en la sección dBuma de la TG. Toh ref. 3865.

73 dBuma rtzaba'i 'grelpa tsig gsal ba zhesbyaba (Mulamadhyamakavrttiprasannapadanama), ff. 1a-197a, vol. 23 ('a) en la sección dBuma de la TG. Toh ref. 3860.

74 dBuma la 'jugpa zhesbyaba (Madhyamakavataranama), ff. 198a-216a, vol. 23 ('a) en la sección dBuma de la TG. Toh ref. 3861.

75 ('Phagspa) 'Odsrung gi le'u zhes byaba thegpa chen-po'i mdo (Aryakasyapaparivartanamamahayanasutra), ff. 211a-260b, vol. 6 (cha) en la sección dKonbrtzegs de la KG. Toh ref. 87.

76 (RGYAL-BA) YANG-DGON-PA (RGYAL MTSAN DPAL) (LHA GDONG-PA). Phyagrgya chenpo lhancig skyessbyor gyi thonchos bzhugsso, pp. 207-242 en vol. 1 (ka) de la colección de trabajos. Thimphu, Bhutan: Kunsang Topgey, 1976, 570 pp.

77 (TSE-MCHOG GLING YONGS-'DZIN) YE-SHES RGYAL-MTSAN. rJe'i thugsras Tsakho dbonpor gragspa mKhanchen Ngagdbang gragspa'i skor, pp. 830-2, vol. 1 de Byang chub lam gyi rimpa'i blama brgyudpa'i rnampar tharpa rgyalbstan mdzespa'i rgyanm-

chog phulbyung norbu'i phrengpa zhesbyaba bzhugsso. Nueva Delhi: Ngawang Gelek Demo, 1970, 947 pp.

78 Lam gyi gtzobo gsum gyi khridyig lambzang gsalba'i sgronme, pp. 1-91 en vol. 5 de la colección de trabajos. Nueva Delhi: Biblioteca de la Casa del Tíbet, 1974, 445 pp. Toh ref. 5987.

79 Lam gyi gtzobo gsum gyi snyingpo'i gnad stonpa'i manngag skalldan 'jugngog, pp. 345-437 en vol. 19 de la colección de trabajos (ibid), 488 pp. Toh ref. 6094.

80 (LCANG-SKYA ROL-PA'I RDO-RJE) YE-SHES BSTAN-PA'I SGRON-ME. Grubpa'i mtha'i rnampar bzhagpa gsalbar bshadpa thubbstan lhunpo'i mdzesrgyan zhesbyaba. Sarnath, Varanasi, India: The Pleasure of Elegant Sayings Printing Press, 1970, 545 pp.

81 ('Phagspa) Yongssu myangan las 'daspa chenpo'i mdo (Aryamahaparinirvananamasutra), vols. 1 (ka, 528 ff.) y 2 (kha, 529 ff.) en la sección Myang-'das de la KG, etc. Toh ref. 119.

82 (SLOB-DPON) RATN'A-KA-RA SHANTI (RATNAKARASANTIPA). DPal gShinrje dgranagpo'i rgyud kyi rgyalpo chenpo'i dka"grel rinpoche'i sgronma (Srikrsnayamarimahatantrarajapañjikaratnapradipanama), ff. 124b-173b, vol. 174 (bi) en la sección rGyud de la TG. Toh ref. 1919.

82A (SLOB-DPON) SH'AKYA BLO (SAKYABUDDHI). Tsadma rnam'grel gyi 'grelbshad (Pramanavarttikatika), vols. 97 (je, 319 ff.) y 98 (nye, 287 ff.) en la sección Tsad, de la TG. Toh ref. 4220.

83 ('Phagspa) Shesrab kyi pharol tu phyinpa brgyadstongpa (Aryastasahasrikaprajnaparamita), ff. 1b-450a, vol. 1 (ka) en la sección brGyadstong de la KG. Toh ref. 12.

84 (Phagspa) Shesrab kyi pharol tu phyinpa sdudpa tsigssu bcadpa (Sherphyin mdo sdudpa) (Aryaprajnaparamitasañcayagatha), ff. 189a-215a, vol. 1 (ka) en la sección Sherphyin snatsogs de la KG. Toh ref. 13.

85 (SLOB-DPON) SANGS-RGYAS BSKYANGS (BUDDHAPALITA). DBuma rtzaba'i 'grelpa Buddhap'alita (Buddhapalitamulamadhyamakavrtti), ff. 154b-278a, vol. 17 (tza) en la sección dBuma de la TG. Toh ref. 3842.

86 (RGYUD-CHEN) SANGSRGYAS RGYAMTSO, comp. DGeldan sn-yanbrgyud kyi manngag las byungba'i blama'i rnalbyor dGa'ldan lhabrgyamar gragspa bzhugsso (dGa'ldan lhabrgyama), pp. 11-14 en Chosspyod zhal 'don nyermkho phyogs bsdebs bzhugs. Varanasi, India: W'ana mthoslob dgeldan spyilas khang, 1979, 352 pp.

87 (dPal) gSangba 'duspa zhesbyaba rgyudkyi rgyalpo chenpo (Sri-guhyasamajamahatantrarajanama), ff. 431b-536a, vol. 4 (nga) en la sección rGyud de la KG. Toh ref. 442.

88 (DGE-SLONG) BSOD-NAMS LHA'I DBANG-PO. DPechos rinchen spungspa'i gsalbyed rinpoche'i sgronme' am gtambrgyud rinchen phrengmdzes su gragspa bzhugsso. Dharamsala, India: Tibetan Cultural Printing Press, n. d; dedicatoria de sKyabsrje Khribyang rinpoche, 278 pp.

89 LHA-GRI SGANG-PA. BKa'gdams kyi manngag be'u bum sn-gonpo'i 'grelpa. Bir, India: Tsondu Senge, 1976, 481 pp. (JO-BO RJE DPAL-LDAN) ATISHA: ver (dPal) Marmemdzad yeshes.

B) TRABAJOS EN INGLÉS

90 Chandra Lokesh Buddhist Iconography. New delhi. Aditya Prakashan 1987. 2 Vol.

91 Das, Sarat Chandra. A tibetan English Dictionary. Reimpresión Motilal Banarsidas 1970.

92 Edgerton Franklin. Buddhist Hybrid Sanskrit Grammar and Dictinary, Vol II: Dictinary. Motilala Banarsidas, 1972.

93 Reynolds Valrae Catalogue of the Newark Museum Tibetan Collection, Volume III: Sculpture and Painting. Newark Museum 1986.

94 George Roerich. The Blue Annals (de Go Lotzawa Zhonnu Pal) Reimpresión Motilala Banarsidas 1979.

95 Tharchin, Gueshe Lobsang y Artemus B Engle, tr. "Carta a un Amigo" de Nagarjuna con un comentario del Venerable Rendawa, Zhonnu Lodro. Library of Tibetan Works and Archives, 1979, 163 p.

96 Vostrikov. Tibetan Historical Literature. H.C. Gupta. Calcuta. Estudios Indios, Past and Present. 1970, 275 p.

Ediciones Amara pone a tu disposición joyas del pensamiento budista tratadas con el mayor rigor por sus autores, ofreciendo en todos sus libros formatos de gran calidad. Recomendamos la recopilación de todas nuestras obras, cuidadas y selectas, pues componen una pequeña enciclopedia del budismo más puro que se va ampliando y enriqueciendo con cada nuevo título. Si deseas más información sobre nuestro fondo editorial, visita nuestra página web y síguenos en redes sociales.